农村居民参与乡村振兴的激励机制研究

周炎炎 / 著

图书在版编目（CIP）数据

农村居民参与乡村振兴的激励机制研究 / 周炎炎著.
成都：四川大学出版社，2024.8. -- ISBN 978-7-5690-7240-2

Ⅰ．F320.3

中国国家版本馆CIP数据核字第202471UQ57号

书　　名：	农村居民参与乡村振兴的激励机制研究
	Nongcun Jumin Canyu Xiangcun Zhenxing de Jili Jizhi Yanjiu
著　　者：	周炎炎

选题策划：徐丹红　张宇琛
责任编辑：徐丹红
责任校对：周维彬
装帧设计：墨创文化
责任印制：李金兰

出版发行：四川大学出版社有限责任公司
　　　　　地址：成都市一环路南一段24号（610065）
　　　　　电话：（028）85408311（发行部）、85400276（总编室）
　　　　　电子邮箱：scupress@vip.163.com
　　　　　网址：https://press.scu.edu.cn
印前制作：四川胜翔数码印务设计有限公司
印刷装订：成都金龙印务有限责任公司

成品尺寸：170mm×240mm
印　　张：11
字　　数：241千字

版　　次：2024年11月 第1版
印　　次：2024年11月 第1次印刷
定　　价：58.00元

本社图书如有印装质量问题，请联系发行部调换
版权所有 ◆ 侵权必究

扫码获取数字资源

四川大学出版社
微信公众号

前　言

"乡村振兴，关键在人。"农民主体性作为乡村振兴战略的出发点和落脚点，是决定乡村振兴能否有效实施的关键因素。乡村振兴要坚持为农民而兴、为农民而建。农民是乡村振兴的参与者、建设者与受益者，是乡村振兴的主体力量。在推进乡村振兴的过程中，要牢固树立以人民为中心的发展思想，切实保障农民物质利益和民主权利，注重调动农民积极性、主动性、创造性，不断提升农民群众的获得感、幸福感、安全感。2018年1月，《中共中央国务院关于实施乡村振兴战略的意见》（中央一号文件）就明确提出了实施乡村振兴战略要"坚持农民主体地位"的基本原则，要求"充分尊重农民意愿，切实发挥农民在乡村振兴中的主体作用"，从顶层设计的角度强调农民是推进乡村振兴的主体性力量。因此，在乡村振兴战略推进过程中，必须首先着眼于农民的主体地位和能动作用，在制度供给和资源投入的同时更加侧重激发广大农民的广泛参与。

居民参与是农村发展的内源力所在，也最能彰显作为农民紧密生活共同体的农村社区的本质内涵。因此，广泛地动员农村居民自觉投入新农村建设始终是党和政府在破解"三农"问题实践中的重要举措。但是，改革开放以来，随着农村社会的加速变迁，在各种内外部因素的作用下，农村社区与农民原有的紧密联系在农村社会心理层面日渐疏离，使广大农村居民缺乏对农村发展的参与动力，居民参与不足逐渐构成当前农村发展的一个重要制约因素。"乡村振兴，关键在人"，这就要求在乡村振兴战略推进过程中，必须着眼于农村居民的主体地位和能动作用，在制度供给和资源投入的同时更加侧重激发广大农民的广泛参与。本书在乡村振兴战略提出的背景下，以共建、共治、共享为目标导向，以农村居民参与是强化农村社区治理、推进乡村振兴进程的关键作为基本命题，结合国情、地情构建符合乡村振兴战略实施和推进需要的农村居民参与激励机制。

国内外相关研究蕴含了农村居民参与乡村振兴丰富的理论内涵和政策意义，可供本书借鉴，但也存在一定的局限：一是国外研究基本是基于发达国家国情下的公民参与社会治理的经验事实，其所揭示的公民参与规律和路径并不一定能有效适合中国，需要结合我国国情加以甄别和选择，走好中国道路。二是国内研究虽然对农民参与乡村治理有一定的关注，政治学和马克思主义学科对党的群众参与动员也进行过详尽的研究（胡伟，1998；杨建忠，2003；杨丽萍，2008；关海庭，2009），对党组织参与基层治理（孙立平，2002；徐勇，2007；原超，2017；李浩，2019；王浦劬、汤彬，2020；李友梅，2020；杨典，2020）也愈加重视，但始终未涉及针对农民的激励与公共参与的系统探讨，农村居民参与乡村振兴的理论和政策研究都相对滞后。其实，改革开放后经历了家庭联产承包责任制、新农村建设、城乡统筹、精准扶贫再到现阶段的乡村振兴，我国的农村社会变迁持续而剧烈，客观上要求后续研究不仅要前瞻考虑乡村治理的结构和体系完善，也要立足现实，首先提出和优化能够有效激发居民参与并形成一致行动的"动员－激励"路径，进而为农村治理结构优化和乡村振兴推进实践提供理论指导和政策建议。

  本书主要采用文献研究与调查研究相结合的方法。首先通过文献研究的方式对居民参与的相关理论和实践脉络进行梳理、总结和提炼，奠定本书的研究基础，并为实证分析奠定经验框架。进而以四川为例，通过田野调查的方式，深入观察和调研，对农村居民参与状况、特征进行客观呈现，并剖析乡村振兴背景下当前农村居民参与的困境及其原因，在科学呈现实然的同时也为应然的判断提供必要的证据铺垫。最终，针对发现的问题探讨了推进乡村振兴进程中农村居民参与的激励机制并提出相关对策建议。

  研究发现，由于当前农村居民参与乡村振兴缺乏相对制度保障，居民参与的社会文化氛围相对较差，村民自治组织能力建设滞后等原因，导致参与往往停留在人情帮忙层面，部分居民的参与意识有待激发；参与面较窄，部分居民参与意愿不强；参与活动不适切，居民参与能力有待提升等诸多困境。由此，本书认为，必须设计相应的激励机制，从以需求为导向、利益满足的动力机制；资源整合、多主体参与的运行机制；顶层设计、民主协商的保障机制层面破解四川乡村振兴进程中农村居民参与的诸多困境，推进乡村振兴战略的有序深化实施。

目　录

第一章　问题的提出 ·· 1
　　第一节　研究背景 ·· 1
　　第二节　研究意义 ·· 3
　　第三节　研究方法和内容 ··· 4

第二章　文献综述 ·· 6
　　第一节　居民参与研究的缘起与研究进展 ························ 6
　　第二节　社会动员的相关研究 ··· 37

第三章　理论基础 ·· 55
　　第一节　治理理论 ·· 55
　　第二节　社会资本理论 ··· 59
　　第三节　认知行为理论 ··· 66
　　第四节　理性选择理论 ··· 71

第四章　四川乡村振兴进程中农村居民参与状况的实证分析
　　　　——基于彭州等9县51村的居民调查 ················· 80
　　第一节　调查概况 ·· 80
　　第二节　农村居民参与现状 ·· 82

第五章　四川乡村振兴进程中农村居民参与的问题及其原因 ··· 95
　　第一节　问题分析 ·· 95
　　第二节　原因分析 ·· 100

第六章　农村居民参与乡村振兴的激励机制构建研究 ············ 104
　　第一节　激励机制构建的基本内涵 ································· 104

1

第二节　激励机制构建的三重向度 ·············· 109

第三节　激励机制构建的三维路径 ·············· 126

第七章　对策建议 ································· 137

参考文献 ··· 146

第一章　问题的提出

第一节　研究背景

实施乡村振兴战略是党的十九大作出的重大决策部署,是新时代做好"三农"工作的总抓手,事关决胜全面建成小康社会目标的实现。习近平总书记在党的二十大报告中明确指出"全面推进乡村振兴",强调"全面建设社会主义现代化国家,最艰巨最繁重的任务仍然在农村。坚持农业农村优先发展,坚持城乡融合发展,畅通城乡要素流动。加快建设农业强国,扎实推动乡村产业、人才、文化、生态、组织振兴。全方位夯实粮食安全根基,全面落实粮食安全党政同责,牢牢守住十八亿亩耕地红线,逐步把永久基本农田全部建成高标准农田,深入实施种业振兴行动,强化农业科技和装备支撑,健全种粮农民收益保障机制和主产区利益补偿机制,确保中国人的饭碗牢牢端在自己手中。树立大食物观,发展设施农业,构建多元化食物供给体系。发展乡村特色产业,拓宽农民增收致富渠道。巩固拓展脱贫攻坚成果,增强脱贫地区和脱贫群众内生发展动力。统筹乡村基础设施和公共服务布局,建设宜居宜业和美乡村。巩固和完善农村基本经营制度,发展新型农村集体经济,发展新型农业经营主体和社会化服务,发展农业适度规模经营。深化农村土地制度改革,赋予农民更加充分的财产权益。保障进城落户农民合法土地权益,鼓励依法自愿有偿转让。完善农业支持保护制度,健全农村金融服务体系"。

"乡村振兴,关键在人。"农民主体性作为乡村振兴战略的出发点和落脚点,是决定乡村振兴能否有效实施的关键因素。乡村振兴要坚持为农民而兴、为农民而建。农民是乡村振兴的参与者、建设者与受益者,是乡村振兴的主体力量。在推进乡村振兴的过程中,要牢固树立以人民为中心的发展思想,切实保障农民物质利益和民主权利,注重调动农民积极性、主动性、创造性,不断提升农民群众的获得感、幸福感、安全感。2018年1月,《中共中央国务院关于实施乡村振兴战略的意见》（中央一号文件）就明确提出了实施乡村振兴战略要"坚持农民主体地位"的基本原则，要求"充分尊重农民意愿，切实发挥农民在乡村振兴中的主体作用"，从顶层设计的角度强调农民是推进乡村振兴的主体性力量。因此，在乡村振兴战略推进过程中，必须首先着眼于农民的主体地位和能动作用，在制度供给和资源投入的同时更加侧重激发广大农民的广泛参与。

居民参与是现代社会治理的典型特征，是乡村振兴背景下农村发展的内源力所在，也最能彰显作为农民紧密生活共同体的农村社区的本质内涵。广泛地动员广大农民自觉投入新农村建设始终是党和政府在破解"三农"问题实践中的重要举措。但是，改革开放以来，随着农村社会的加速变迁，在各种内外部因素的作用下，农村社区与农民原有的紧密联系在农村社会心理层面日渐疏离，使广大农村居民缺乏对农村发展的参与动力，居民参与不足逐渐构成当前农村发展的一个重要制约因素。

社会动员是引导社会成员广泛社会参与的过程，其始终内嵌于经济、政治、文化、社会和生态文明建设的实践活动中，是我国推进"五位一体"和中国式现代化的必要途径。在社会异质化和利益主体多元化的社会发展趋势下，传统的社会动员机制已经逐渐丧失了赖以存在的高度一体化社会结构基础。因此，需要面对新的发展形势，从牵涉乡村振兴的主体利益这一角度思考提出居民参与的动员激励机制，打破农民的主体动员困境，达成广泛社会参与和形成一致行动，推进乡村振兴进程。

中国特色社会主义已经进入了新时代，"我国社会主要矛盾已经转化为人民日益增长的美好生活需要和不平衡不充分的发展之间的矛盾"。我们要正确认识我国社会所处的历史方位，准确把握我国社会主要矛盾，坚持新时代的基本方略，齐心协力完成新时代的新任务，决胜全面建成小康社会并开启全面建设社会主义现代化国家的新征程。这就要求，在新时代全面推进乡村振兴的进程中，我们必须重新审视当前我国社会变迁形势和乡村社会格局的新变化、探寻和优化居民参与乡村振兴的动员激励路径，实现"共建、共治、共享"。这无疑是推进乡村振兴战略、达成共同富裕的基本逻辑指向和必要环节。

四川是全国人口大省和农业大省，是我国的重要粮食产区。2020年"七普"数据显示，四川农村人口3620.8万人，如何激发这一规模巨大的主体活力，释放其参与效能，是破解四川农业农村发展难题的一个必要环节，也是持续推进乡村振兴战略实施、加快四川向农业强省转变和推动治蜀兴川再上新台阶的基本议题和应有之义。

第二节　研究意义

本书立足新时代新发展要求，紧扣"共建、共治、共享"，阐述乡村振兴、居民参与和社会动员的内在逻辑关系和联动的内外部条件。揭示当前乡村振兴中存在的基础矛盾。认为"传统的居民参与动员机制已经不能适应农村社会和农村居民的现代性转变形势下乡村振兴战略推进的需要"。基于这一研判，本书以四川为例，期望通过探寻一个能够有效激发农民参与动力、释放农民参与效能的动员激励机制，旨在达成以下的理论和现实意义。

一、理论意义

（1）居民参与是一个可以有效衔接宏观机制和微观行动的中层议题，也是"共建、共治、共享"理念的最佳体现。从这一经典视角出发，返璞归真，可为相应研究另辟一个新天地。

（2）既往研究多忽视主体利益和个体分化。从理性选择理论出发探讨外部环境和内部因素作用下的个体行为，打开了农村居民参与研究的新视角，为相关理论与实践提供有益补充。

（3）注重实证研究结合经验诠释，可以提高研究的科学性和阐释力，带来新发现和新解释。

二、现实意义

（1）解决乡村基层治理现实矛盾、突破乡村治理瓶颈，通过研究讲好中国故事，推动中国式现代化的四川实践。

（2）挖掘居民参与的内生动力、打破理论与实践的"灯下黑"，为因地制宜深化乡村治理转型、推进乡村振兴提供有益思路。

（3）为相关社会政策评价提供直接的参考依据，为优化政策设计、提升政策执行效果奠定研究参考。

第三节 研究方法和内容

一、研究思路和方法

首先，基于农村社会变迁和内外部约束条件现实，判断传统的农村居民参与动员机制而来的居民参与模式和状况不能满足乡村振兴战略推进需要，由此构建出本书的研究问题。其次，结合理论和经验探讨，对农村居民参与的概念和内涵进行阐明，进而构建实证分析框架，对四川省农村居民参与乡村振兴的状况进行实证分析。再次，深入探讨农村居民参与困境及其内外部约束条件。最后，设计出旨在激发和保障农村居民广泛参与，达成一致集体行动，推进乡村振兴进程的激励机制的对策建议。

为达成研究主旨，本书主要采用文献研究与调查研究相结合的方法。课题研究涉及大量的居民参与研究文献和乡村振兴战略的政策解读文献，需要首先通过文献研究的方式梳理、总结、提炼和切入。同时，需要通过田野调查的方式，深入观察和调研农村居民参与情况，在科学呈现实然的同时也为应然的判断提供必要的证据铺垫。在资料收集方法上，主要采用文献法、问卷法和访谈法收集研究所需的质性和量化资料。

二、主要研究内容

第一部分，乡村振兴战略与农村居民参与的理论探讨。主要是奠定课题研究的研究视角和理论分析体系。重点在于对居民参与、社会动员等基础概念进行明确界定，阐明居民参与、社会动员的理论源起和演进；分析乡村振兴中农村居民参与的具体内容以及动力机制、过程机制和保障机制。

第二部分，四川乡村振兴进程中农村居民参与及其动员的实证研究。主要从实证的角度，通过田野调查的方式考察农村居民参与及动员的现实状况、困境和影响因素。包括构建实证分析框架，设计调查与抽样方案，描述农村居民参与及其动员的状况、特征和问题。

第三部分，四川乡村振兴进程中农村居民参与困境的经验分析。结合调查研究和制度分析的方式对农村居民参与的困境进行经验总结和讨论，深入阐释农村居民参与的各种约束条件如制度因素、社会环境因素、社区因素、主体间互动因素和个体因素等,并从社会动员的视角进行归因。

第四部分,四川乡村振兴进程中农村居民参与的动员激励机制研究。结合文献和前述分析基础构建农村居民参与的动员激励机制,包括提出激励机制构建的逻辑进路、构建原则和实践特性,激励机制构建的多重向度以及机制构建的具体路径,最终提出相关对策建议。

第二章　文献综述

第一节　居民参与研究的缘起与研究进展

一、居民参与研究的缘起

居民/公民参与（Citizen Participation）源于古希腊的直接民主。17至19世纪卢梭、洛克、潘恩和密尔的民主理论对公民参与理论的提出具有重要的贡献。卢梭（Jean-Jacques Rousseau）在《社会契约论》中对公民参与政治决策过程的理解对西方公民参与具有突出的贡献，公民参与也是卢梭民主思想的重要组成部分。卢梭认为公民参与是人民主权的必然要求，而人民主权的理念要求公民政治参与[1]，公民参与等同于政治参与。卢梭还关注社会制度和政治制度与公民参与的关系，他强调制度对公民精神的塑造具有重要作用，良好的政治制度不仅有利于公民的政治参与，还能够促进公民树立良好品德，而且公民在政治参与的过程中，会自发地维护和完善政治制度，以保障其个体和公共权益，因此公民参与是公私利益协调的重要途径[2]。同时，《社会契约论》奠定了西方公民参与的法理基础，卢梭提出"服从法律的人民就是法律的创制者"[3]，法律是公民意志的具体体现，法律既是公民参与的成果，也是公民参与的渠道和制度保障。洛克（John Locke）在《政府论》中继承了人民主权的理论，提出了"最高权力属于人民""人民委托权力，国家的权力源于人民，

---

[1] 陈炳辉. 人民主权与公民参与——卢梭的公民参与理论及其启示[J]. 徐州工程学院学报（社会科学版），2013，28（3）：1-5.
[2] 董石桃. 公民参与和民主发展的内在关联——一项思想史的考察[J]. 南京政治学院学报，2015，31（1）：54-61.
[3] [法]卢梭. 社会契约论[M]. 何兆武，译. 北京：商务印书馆，1980.

议会只是权力的被委托方"等观点,这代表着代议制民主理论的雏形出现。与卢梭不同的是,洛克提倡的公民参与不是公民直接参与,是建立在议会至上前提下的公民间接参与,由公民选举出议会代表行使国家权力。但他的理论更多只是为当时英国政府架构和政府权力的合法性提供解释性工具,并没有就代议制度具体的应用展开阐述,值得肯定的是,洛克的理论在一定程度上启迪了代议制公民参与理论[①]。

潘恩和密尔在代议制民主理论方面的研究对西方公民参与理论的提出具有重要意义。潘恩（Thomas Paine）将民主理论和代议制度相结合,创制出代议民主理论,并认为代议制度是当时西方政府最佳的政治制度和政体形式,为确保代议制具有真实性和广泛性,他设计了少数服从多数、经常性选举、选举代表具有平等性和广泛性等原则,确保代议制度的广泛性和真实性;他从"天赋人权"出发,认为人生而平等,世袭制度是违背自然和理性的,每个公民都有权参与国家治理。潘恩的天赋人权理论为当时美国的公民参与提供了法理基础和政治基础,但是潘恩也明确指出,代议制是建立在代表制度基础上的民主制,公民参与强调的是间接民主而非直接民主[②]。密尔（John Stuart Mill）进一步完善代议制民主理论,他在《代议制政府》一书中系统性阐述英国代议制度和代议制政府的运作过程及其可能存在的弊端和相应的应对策略,对西方代议制度的经验进行总结,对欧美各国的政治制度和政治体系的建立、发展和完善具有深远影响。密尔主张代议制民主制度的间接民主,但是他并不排斥公民参与,相反,他热烈倡导公民参与公共事务,认为公民参与是代议制建设的基础和重要前提,也是公民精神培育的主要途径。公民不仅是选举出议会代表,还被鼓励担任公共职务,公民在积极参与公共事务过程中能够促进公民在精神方面的进步,形成积极自助的公民品质,公民参与是公民教育的最佳方式。同时,他强调公民精神只有在积极广泛、参与的制度背景下才能够得以培育,民主政治的发展要避免冷漠和疏离的滋长[③]。密尔对公民参与的贡献不仅是为公民参与提供代议制民主理论和代议制的理论基础和制度保障,还充分论证了公民参与对公民个体、公民精神、政府运作都具有不可或缺的作用。密尔推崇公民直接参与政治选举、参与公共事务管理和决策,是公民参与理论的主要思想

---

① 郭继兰. 走出直接民主的困境——代议制民主理论的产生和发展［J］. 哈尔滨工业大学学报（社会科学版）,2009,11 (6):75.

② 同①:76.

③ 董石桃. 公民参与和民主发展的内在关联——一项思想史的考察［J］. 南京政治学院学报,2015,31 (1):54—61.

家。但后来西方欧美国家更多地关注代议制民主理论和代议制在社会管理和社会控制方面的功能和作用,将其发展为精英政治和精英选择机制,忽视了密尔对代议制的所强调的功能——公民参与能力和公民精神的培育。

道格拉斯·柯尔(Douglas Cole)继承卢梭的公民参与思想,主张公民积极参与为核心的参与式民主理论,他认为公民通过积极参与能够提升集体效能感和社会归属感。柯尔对当时西方大行其道的代议制民主理论提出批评和否定,提出职能式民主参与代替传统的代议制,职能式参与是呼吁公民积极参与职能团体(按地区和行业是团体划分的标准),在团体中行使自治权,并在其中扮演积极成员的角色,发挥好公民的责任和身份,最终推动团体职能的发挥和目的的实现。

公民参与实际上是对西方传统的精英代议制民主和公共行政效率至上弊端的补缺,强调公民参与对西方民主健康运行和现代社会发展作用。20世纪40年代,研究比较政治的西方学者正式提出"政治参与"这一概念。[①] 公民参与理论作为一种社会生活方式而非政治参与理念和民主理论而被社会大众所认知,被广泛用于校园活动、学生运动、企业管理、社区生活等领域。

随着两次世界大战和20世纪60年代西方社会福利矛盾全面爆发,传统自由主义和精英主义民主无法解决西方社会存在的技术理性忽视人的价值,市场垄断行为,社会贫富差距过大等问题和社会状况,导致社会大众对自由主义民主和政治制度产生质疑。在1957年前后欧美"新左派"将公民参与理论作为一种理想民主模式而提出[②],强调公民参与是一种传统的"回归"和复兴。1970年,佩德曼在《参与和民主理论》中对西方民主理论进行梳理,主要划分为古典民主理论和当代民主理论,两种理论的划分标准则是"参与",他系统性地阐释民主与政治参与之间的关系,认为真正的民主是所有公民的直接且充分参与的民主,并在书中提炼出公民参与理论,因此《参与和民主理论》被视作公民参与理论正式提出的标志。

随着美国兴起的"新公民参与运动",学者开始关注公民在公共政策、公共服务项目方面的需求,在全球化浪潮影响下,公民参与运动进一步扩大到世界范围,公民参与(Public involvement)开始被使用并逐渐成为一个重要的研究议题,"公民参与是现代公共管理领域不可或缺的有机组成部分,是公共

---

① 陶东明,陈明明. 当代中国政治参与[M]. 杭州:浙江人民出版社,1998.
② 原宗丽. 参与式民主理论研究[M]. 北京:中国社会科学出版社,2011.

管理学科的新理念和新视角"①。帕特南（Robert Putnamn）于 1993 年出版了《使民主运转起来》一书，将社会资本视角引入到公民参与研究中，成为公民参与研究的经典范式，极大地推进西方学界对公民研究的进展。此后，在西方国家公共管理、公共行政实践中，公民参与的诉求不断高涨、作用不断增强、在政策制定特别是政策执行中的参与行动日益合法化。公民参与在公共行政管理中具体操演涉及环境保护、公民运动、城市规划、社区发展、政府预算等多个领域，此后学界围绕公民参与的动力、途径、范围等内容构建出公民参与阶梯模型、公共决策参与模型、绩效评估模型（CIPA）等公民参与理论成果。②

二、居民参与的概念

公民参与是参与式民主理论的核心概念，公民参与概念的界定最初也与政治紧密相关，强调公民的政治参与。萨缪尔·亨廷顿（Samuel P. Huntington）认为公民参与是"公民试图影响政府决策的一切行动"③，他将公民视作政治参与的主体，摒弃以往西方精英主义的观点，即"将公民视作是平民，是服从者而非参与者"的观点，亨廷顿重视公民的参与活动和政治权利，他认为公民会通过多种途径和多种形式参与到政府决策中以实现影响其政府政策，不仅包括公民自发参与，还有公民受其他人影响下的公民参与，最终实现社会促变和社会发展的目的。我国学者俞可平对公民参与的界定与亨廷顿的界定有部分观点是重合的，他认为公民参与又称之为公众参与、大众参与，是指公民的行为对公共生活、公共事务、公共政策的决策所施加的影响。贾西津将公民参与聚焦到公民参与选举投票这一个政治行为，他认为公民参与主要是指公民在政治制度渠道内影响政府投票等活动的一系列行为。④ 王锡锌对公民参与的界定更多是从公民参与政府行政活动的过程出发，他总结出我国公民参与行政过程的相关制度实践经验并提出制度保障的建议，"公民参与是政府允许、鼓励公众以提供信息、意见等方式参与立法和决策相关问题，进而提升

---

① [美] 约翰·克莱顿·托马斯. 公共决策中的公民参与 [M]. 孙柏瑛，等译. 北京：中国人民大学出版社，2010.

② 夏晓丽. 当代西方公民参与理论的发展进路与现实困境 [J]. 行政论坛，2014，21 (4)：96—100.

③ [美] 塞缪尔·亨廷顿. 变化社会中的政治秩序 [M]. 王冠华，刘为，等译. 上海：上海世纪出版集团，2008.

④ 贾西津. 中国公民参与 [M]. 北京：社会科学文献出版社，2008.

其公正性、正当性和合理性的制度和机制"①。在参与式民主理论框架下，居民参与的根本特征是主张通过公民对公共事务的共同讨论、共同协商、共同行动解决共同体的公共问题。

随着公民社会的发展，公民参与的内涵不仅限于政治参与概念框架。近年来，我国公民参与内涵的研究视角得到了进一步拓宽，包括多元化的参与主体（精英阶层拓展到普通公众）、多样化的参与方式（传统渠道增入新型媒体）、多层面的参与空间（立法、行政、司法、社区治理等）。② 在公民参与的概念和内涵上，程胜利认为公民参与是一项基本的政治权利，是社会成员直接或间接参与和影响政策制度和实施过程的行动，包括政治参与、意见参与、资源投入、行动参与等方式。③ 还有学者对公民参与的界定则更加广泛，认为公民参与是公民影响公共政策、公共生活的一切活动，参与是要在"公共"这一视域下进行一切行为和活动。④ 也有学者在论证居民参与社区自治、社会民主的关系中，得出"参与是民主与自治的前提与基础，民主则是参与的保障"的结论，认为公民参与的基础形式是社区参与，指的是居民或者社会组织以合法途径参与社区公共事务、社区活动，影响社区公共权力运作，共享社区建设成果的过程，强调居民参与是一个动态和历史性的概念，具有时空属性。⑤ 杨荣认为居民参与是衡量社区建设成果的重要标志，她在强调居民参与在社区建设中的地位时提到，居民既是社区参与的主体也是社区参与的客体，居民参与实质上是社区公共服务使用者和提供者之间的角色交换和信息交流的过程⑥，她将居民视作社区参与和社区治理的主体。随着公民参与地方公共事务的纵深发展，在社会治理特别是社区治理领域，居民是其主要的参与主体，因此公民参与在这一层面上可以引申为居民参与。

三、居民参与的要素

学界对居民参与的要素研究主要有两个方面，一方面认为居民参与由个

---

① 王锡锌. 行政过程中公众参与的制度实践 [M]. 北京：中国法制出版社，2008.
② 王建国，刘小萌. 善治视域下公民参与的实践逻辑 [J]. 河南师范大学学报（哲学社会科学版），2019（2）：22-29.
③ 程胜利. 社会政策概论 [M]. 济南：山东人民出版社，2012.
④ 付耀华. 县级政府公信力及其多元治理模式研究 [M]. 昆明：云南大学出版社，2016.
⑤ 白昌易. 浅析社区治理中的公民参与问题 [J]. 黑龙江科技信息，2012（36）：107.
⑥ 杨荣. 浅论社区建设中的居民参与 [J]. 北京工业大学学报（社会科学版），2002（2）：41-44+78.

人、社会、文化、制度等要素构成，但当前对居民参与的研究和分析普遍缺乏系统视角，大多从单一的微观或者宏观视角去分析居民参与的要素。另一方面是从参与意识、参与动力、参与能力等要素对影响居民参与的原因进行分析。整合系统视角对居民参与意识、参与动力、参与能力的分析更有利于从整体出发，更全面地分析居民参与的要素及相关影响因素。

（一）参与意识

关于公民参与意识的研究更多聚焦在公民的政治参与或宏观的公共参与上，民主政治和社会的发展与公民参与不可分割，公民参与意识是公民参与的必要前提。西方学界批判以往的社区建设观点，着重强调居民参与在社区治理中发挥着积极的角色，并在参与意识的研究问题上达成共识，认为参与意识是社区治理的灵魂机制，社区治理的核心是参与意识。[1]

张善根等在上海市民公共参与意识的实证研究中指出出生年龄段、教育年限、政治面貌等人口学因素与公共参与意识具有显著相关性，公民的参与意识受公民的社会政治经济地位、个人价值观、社会信任等因素的影响。[2] 孟天广等从实证角度考察了社会资本与公民参与意识的关系，并指出志愿组织、社会宽容等社会资本对促进公民参与意识具有重要作用。[3] 谢来位等对公民参与意识与公民政治认同感、归属感、效能感、责任感的关系进行了研究，提出规范政府行政行为、实现公民权利保障法治化、健全公民参与机制、增强人民民主的政治观念这四条提升公民公共参与意识的建议。[4] 佟瑞鹏等通过实证发现，居民参与意识对社区归属感、安全氛围有直接正向影响，居民参与是社区安全促进活动的基础条件，居民参与提高居民社区归属感，有利于营造社区安全氛围。[5] 申可君通过研究发现居民参与意识来源于社区认同感与归属感，受所处的社区环境所影响。[6] 张亮早在 2001 年就指出社区居民参与意识很大程度上受宏观社会转型的影响，原有的"单位参与意识"不利于社区参与意识的培

---

[1] 刘俊. 居民社区治理参与意识研究 [D]. 南京理工大学, 2017.
[2] 张善根, 李峰. 法治视野下公民公共参与意识的多因素分析——基于上海数据的实证研究 [J]. 北方法学, 2015 (2): 105−112.
[3] 孟天广, 马全军. 社会资本与公民参与意识的关系研究：基于全国代表性样本的实证分析 [J]. 中国行政管理, 2011 (3): 107−111.
[4] 谢来位, 钱婕. 重庆市主城区普通市民公共参与意识现状及培养路径研究 [J]. 重庆理工大学学报（社会科学）, 2016 (6): 60−66.
[5] 佟瑞鹏, 翟存利. 社区安全氛围与居民参与、归属感的关系研究 [J]. 中国安全科学学报, 2018 (5): 56−61.
[6] 申可君. 城市社区居民参与机制研究 [M]. 北京：中国传媒大学出版社, 2016.

育、形成和发展。[①]

（二）参与动力

从已有的研究中可以看出，不管是公民参与广泛的政治和公共事务还是居民的社区参与，参与都显著受到利益驱动和意识驱动。贺芒等基于理性选择的研究视角对 C 市的三个社区进行实例分析，认为居民参与动力主要分为资源获取的外部动力和价值追求的内部动力两个方面，依据居民的"依附程度"和"参与意愿"，划分出居民参与的四种类型，其中主动独立参与型效果最好，能够提升社区治理水平。[②] 金霞认为公民参与公共政策制度化的动力来源于公民自身的公共利益和公共意识、政府层面的公共利益和民主意识、非营利组织层面的公共利益和整合意识。[③] 孙璐认为社区居民参与的重要制约因素是参与制度的缺乏，居民参与不足则制约着社区的进一步发展，社区认同特别是社区利益从根本上影响着居民参与动力。[④] 参与机制和制度，以及社区的归属感和认同感也是影响居民参与动力的重要因素，刘华安指出居民参与质量很大程度上取决于参与机制的完善程度，居民参与的"难"会对居民参与的积极性和动力造成很大影响。[⑤] 也有学者从社会心理学、社会信任的角度分析居民参与的动机。陈希认为城市社区居民参与动力减弱的主要原因是社会信任不足，社会信任是居民参与的动力来源和基础，同时城市社区居民间关系的疏离也不利于居民参与热情和参与动力的培育。[⑥]

（三）参与能力

参与能力是公民参与公共事务的前提和基础。美国政治学家阿尔蒙德采取二分法将公民参与能力分为主观能力和客观能力，其中主观能力是指个体对自己参与和影响公共事务能力的认知、情感和态度，客观能力则是个体参与公共事务过程的实际能力，两者相辅相成，共同影响和构成公民参与能力。

孟凯等认为公民参与权、政治与文化素质、拥有的适合资源是影响公民参

---

① 张亮. 上海社区建设面临困境：居民参与不足 [J]. 社会，2001 (1)：4-6.
② 贺芒，杨童节. 城市社区居民参与社区治理的动力及类型研究——基于 C 市 3 个社区的实例考察 [J]. 创新，2021，15 (4)：1-11+125.
③ 金霞. 公民参与公共政策制度化的动力机制 [J]. 中共天津市委党校学报，2016 (2)：86-90.
④ 孙璐. 利益、认同、制度安排——论城市居民社区参与的影响因素 [J]. 云南社会科学，2006 (5)：70-73.
⑤ 刘华安. 城市社区建设与居民参与. 学习论坛，2002 (10)：6-8.
⑥ 陈希. 社会资本视域下城市居民社区参与动力研究 [D]. 吉林大学，2017.

与能力的主要因素，因此提出完善公民参与权利体系、构筑公民文化、培育和发展社会组织的对策建议。[①] 李俊卿指出提升公民参与能力要营造参与的文化氛围、开展公民教育、获得政府的支持。[②] 王彩梅认为提高公民参与能力需要良好的物质基础、民主政治、思想文化等社会环境，以及较强的社会责任感和参与意识。[③] 赵聚军等则认为知识和教育素质、公民文化和权利、参与的资源和条件是影响公民参与能力的几大因素，也是提升公民参与能力的重要突破口，因此拓展居民参与社区治理的深度和广度的关键在于增强居民的参与能力。[④] 袁方成认为意识培育、民主协商、协作互助、技术创新能为居民"增能"，促进居民参与能力提升。[⑤] 田北海等指出提升居民参与能力是将居民参与意愿转化为参与行为的实现路径，可通过加强居民参与认知、发挥基层自治组织的引导作用、加大社区活动组织力度等为居民参与创造机会，从而在实践中提升其参与能力。[⑥] 同时，参与渠道、参与途径是居民参与能力研究不可忽视的一部分，有学者强调畅通居民参与渠道和参与途径是居民参与能力提升的客观因素，否则将极大阻碍参与能力的培育。[⑦]

四、社区参与的概念和内涵

"社区参与"最早在 1984 年召开的"世界人口大会"上被视为解决人口问题的一条有效途径，许多发展中国家由于生育控制开始注重社区参与。[⑧] 我国学界对社区参与这一主题的研究大多是从社区建设的探讨开始。20 世纪 90 年代，在计划经济向市场经济的经济制度转型过程中，我国城市社会体制也发生变化，提出"社区建设运动"，旨在改革城市社区管理体制，社会治理由单位体制过渡到社区体制，政府将部分权力和责任下放到基层居民自治组织，希望通过培育基层组织的自治能力，以社区居民为依托，让广大社区居民积极参与

---

① 孟凯，石路. 公共行政决策中的公民参与能力 [J]. 新疆师范大学学报（哲学社会科学版），2014（5）：74-80.
② 李俊卿. 主动公民塑造与公民参与能力提升 [J]. 江西社会科学，2012（7）：212-216.
③ 王彩梅. 试论公民参与能力的提高. 理论导刊 [J]. 2006（10）：60-63.
④ 赵聚军，张雪莉. 城市基层治理中的居民参与与基层管理体制优化——基于四个异质性小区的调查 [J]. 中国行政管理，2019（3）：47-54.
⑤ 袁方成. 增能居民：社区参与的主体性逻辑与行动路径 [J]. 行政论坛，2019（1）：80-85.
⑥ 田北海. 城乡居民社区参与的障碍因素与实现路径 [J]. 学习与实践 2017（12）：98-105.
⑦ 王琳. 城市社区治理与保障研究. [M]. 北京：北京理工大学出版社. 2010.
⑧ 罗淳. 社区生育控制的理论与实践 [J]. 中国人口科学，1996（2）：34-38.

社区建设、社区治理，形成政府主导、居民自治相互协调、共同治理的局面。社区建设运动的兴起为社区研究的回归提供契机。"社区参与"这一概念的提出有其时代背景和现实意义，一方面是政府自上而下的政策推动，另一方面是基层社区自下而上的需求驱动，社区参与是双方合力的成果。① 早期的社区参与研究更多是从政府的角度出发去推动研究进展，政府将社区建构为"社会管理单元"，社区参与被视作解决社会转型过程中社会问题的有效方法和途径；社区承接原有单位、政府的部分职能，伴随着居民社区参与意识的提升和社会治理观念的转变，自下而上的需求推动力越来越大，社区已经逐渐成为人际沟通与社会关系的区域性生活共同体，社区参与是分析社区居民与社区居民之间、社区居民与社区之间关系的有效切入点，社区参与将趋于社会治理研究的主导地位。

社区参与一直被视为西方民主社会自治精神的基本体现，因而公民参与理论往往成为研究中国社区参与的理论范本。② 社区参与也可以说是公民参与理念在社区内的实践③，这一观点强调"参与"是在社区这一场域内落实公民参与理念，不仅仅是将公民参与的选举、代表大会、座谈会、听证会等活动形式引入社区，更重要的是唤醒社区居民参与社区事务的意识，从意识层面引导居民参与，实现社区参与的过程和解决社区事务、融洽社区关系的目的。在现有的社区研究中，公民参与理论往往会成为社区参与研究的理论渊源，但公民参与理论毕竟是基于西方社区研究的理论成果，离不开"国家—社会"两分法的理论前提，将国家与社会二元分割和二元对立，国家与社会是相互排斥的关系，忽视了中国语境下西方理论的本土化适用性问题，没有考虑体制和制度对社区参与具有决定性影响的实际情况。如果仅从公民参与理论视角去分析我国社区参与现状，不难发现理论设想与现实操作之间存在着巨大的差距，甚至理论无法指导实践，这是由于历史的惯性影响和原有体制仍在发挥作用，当前我国社区参与具有很强的革命时期形成的国家动员、群众参与的传统烙印。④ 在社会治理模式和经济社会转型过程中，我国社区参与也发生了变化，但社区参与仍然具有"路径依赖"的特征，单位体制下的社区居民"吃住行工"均在社

---

① 王珍宝. 当前我国城市社区参与研究述评 [J]. 社会，2003（9）：48—53.
② 周林刚. 社区治理中居民参与的制约因素分析——基于深圳 A 区的问卷调查 [J]. 福建论坛（人文社会科学版），2008（12）：138—141.
③ 时少华. 权力结构视角下社区参与旅游的研究 [D]. 中央民族大学，2012.
④ 刘岩，刘威. 从"公民参与"到"群众参与"——转型期城市社区参与的范式转换与实践逻辑 [J]. 浙江社会科学，2008（1）：86—92+128.

区内，居民参与单位里的各项事务可以获取经济、政治、声望、自我实现等各种资源而且由于替代资源获取途径的缺乏[1]，居民与单位之间具有较强的"人身依附"关系；现在的社区居委会依据其行政权力和社会福利资源分配的资格，在社区权力结构中占据着核心地位，社区居委会、社区居民之间存在着一定的"利益依附"关系。但相较于单位社区而言，社区居委会的行政权威较弱和资源有限，"利益依附"的强度和韧性不如"人身依附"，为更好地将社区居民纳入社区参与中，有的学者将社区参与界定为"通过培育积极分子网络，构建一套以感情、人情、互惠和信任为基础的地方性互动网络"[2]。

学者们普遍认为社区居民是社区参与的主体，在这个层面上社区参与也可称为居民参与。[3] 徐永祥认为广义的社区参与"既是指政府及政府组织介入社区发展的过程、方式和手段，更是指社区居民参加社区发展计划、项目等各类公共事务与公益活动的行为及其过程"，其最重要的主体是社区居民，客体是社区事务，心理动机是公共参与精神，目标在于社区和人的发展。狭义的社区参与则是聚焦于社区内部各种事务活动的参与。[4] 基于徐永祥在《社区发展论》从广义和狭义上对社区参与内涵的探讨，黎昕认为社区参与是指以社区全体居民为主体的，包括社区内企事业单位、行政机关、社会团体、社会中介组织等的社区成员主动或被动参与社区经济、政治、文化、社会方面公共事务及活动的过程或行为。[5] 王鹏也是认为社区参与是参与社区事务的过程或行为的观点，但他强调社区参与的"自愿性"，即社区参与更多的是一种积极主动和自发自愿的社区参与。他本着资源互惠、资源最优配置的原则，强调政府的中介性职能，将城市社区参与界定为"以社区居民为基点，在政府的指导下，利用单位的资源优势，开发社会团体的中介功能，形成了多元互动与灵活高效的运行机制"[6]。

随着社会资本研究的兴起，"社区参与"被赋予了新的理论意涵和现实特质。将社会资本这一概念引入到社区参与研究中，最著名的研究是美国学者帕特南的《使民主运转起来》以意大利的行政区作为研究对象，他在调查中发现，丰厚的社会资本可以提升社区居民的信任度、维护合作互惠的社会规范以

---

[1] 肖富群. 居民社区参与的动力机制分析 [J]. 广西社会科学，2004（5）：161-163.
[2] 刘岩，刘威. 从"公民参与"到"群众参与"——转型期城市社区参与的范式转换与实践逻辑 [J]. 浙江社会科学，2008（1）：86-92+128.
[3] 周晨虹. 社区管理学 [M]. 武汉：华中科技大学出版社. 2018.
[4] 徐永祥. 社区发展论 [M]. 上海：华东理工大学出版社，2000.
[5] 黎昕. 转型中的城市社区建设 [M]. 福州：福建人民出版社，2004.
[6] 王鹏. 浅析我国城市社区参与 [J]. 实事求是，2009（4）：20-22.

保障行政制度绩效，而且还能够协调居民的社会关系，提高社会效率，加大社会投资的回报率。这一研究结果充分说明社会资本既是居民参与的要素，也是居民参与的成效。帕特南在《独自打保龄球：美国衰弱的社会资本》中对社区参与的定义不仅仅局限于村镇等基本生活单位，还包括市州等行政区域，甚至是整个国家的社区参与；他认为社会资本就是一个社区居民参与社团活动的水平，测量标准包括报刊阅读、参与志愿活动、社会表达以及对政党人物的信任等。帕特南在一定程度上将社区参与程度等同于社会资本的容量，居民通过社区参与提高自身的社会资本，以更好地应对社会风险，消弭社会冲突。社区参与对于民主政治的积极意义成为强调社区参与必要性和重要性的基本依据，而培育社会资本是社区参与的重要目标。

还有学者基于理性选择理论和交换理论对社区参与的内涵进行界定。理性选择理论和交换理论认为居民的社区参与行为是一种理性的社会行为，具体而言是社区居民通过交换在社区内获取某种资源来满足自身的需求和价值。理性选择理论分析社区的制度体系与社区组织如何为社区居民的参与行为提供激励，在此过程，激励能否强化和巩固社区居民的参与行为和参与成果，然后探讨这种制度体系是否能促进社区发展和社区进步，达成社会最优产出。肖富群认为社区参与是社区居民在社区建设过程中各自利益的博弈和相互协调、相互制约，从而形成合力，以推动社区发展的过程。居民的社区参与是遵循理性原则，适用于经济学的边际效用递减原则，当社区居民的需求在社区参与中逐渐得以满足，就会降低他们再次参与的积极性和主动性，最后不会再参与公共事务，因此要求特定的社区居民始终如一地参与某项公共事务是不现实的，也不符合理性选择原则。[①] 社会交换理论对社区参与可能性的解释可以理解为"利益驱动"，"利益"不仅表现为一般意义上的经济利益或物质形式等经济语境，还包括社会语境、心理语境和价值语境中的内容或形式[②]，社会交换理论更加强调后者的"利益"内涵。理性选择理论和社会交换理论极大地丰富了社区参与的内涵和意蕴，为社区参与的介入路径提供了思路和方法。

参与是现代社区形成的机制，不同的参与实践建构出来的是不同的社区。杨敏将个体微观心理与宏观社会结构相联系，强调社区参与不仅要考虑到社区居民的参与能力、参与程度和参与需求，还要考量宏观的社会制度和社会结构

---

① 肖富群. 居民社区参与的动力机制分析 [J]. 广西社会科学，2004（5）：161-163.
② 唐玲萍. 对社区参与旅游发展可能性的理论分析：社会交换理论 [J]. 思想战线，2009，35（S1）：145-148.

对社区参与的决定性影响。[1] 她依照参与动机、策略和表征，首先将社区参与划分为依附性参与、自愿性参与、身体参与、权益性参与四种模式，接着将上述四种类型的目的归类为仪式性参与和实质性参与，其中仪式性参与是将"参与"视作是一种表达诉求的途径和过程，通过"参与"本身传达出某种象征意义，达成某种价值观念的实现，国家或者基层自治组织可以通过仪式性参与，在不变动现有社会权力结构和社会稳定的基础上，实现社会控制和社会整合的目标。实质性参与则增加社会参与的本质和本意，通过社区参与过程增强社区居民的权力意识、自治意识和治理能力，增进社区福祉水平。实质性参与也是对既定政策的执行和不同利益主体相互沟通、商讨、质询、对抗、妥协的博弈过程。杨敏认为社区参与的目的是为实现社区居民的兴趣爱好或维护自身合法权益，从而提高公共福利水平，推动社区和谐发展。[2]

依据社区参与内容的政治性紧密程度，可以划分为政治性参与与非政治性参与。政治性参与更多是从社区建设、社区治理的角度出发，指的是居民在社区各种选举行动中的参与以及出于社区公共利益而向政府及有关部门诉求。周林刚将政治性参与归类为利益表达式参与和选举式参与[3]，利益表达式参与强调社区参与的目的是向街道、政府部门、人大、政协、媒体等外部力量反馈社区问题，促进社区福利，争取社区利益。选举式参与强调保障社区居民的选举权与被选举权和合法行使政治权利，指的是通过人大选举、社区业委会选举、小组长（楼栋长）选举、社区居委会选举等途径参与社区事务。非政治性参与的内容与政治的关系紧密性不高，主要体现为文娱体育、养生保健、公共卫生、普法宣传、科技普及等活动内容，非政治性参与是当前城乡社区参与的主要内容。其中杨荣通过对北京、上海、武汉、南京等城市社区治理、社区参与情况的调查发现，动员式执行性参与是目前居民社区参与的主要形式，非政治性参与是目前社区居民参与的主要内容，参与率低、参与机制不完善是社区居民参与存在的主要问题，目前社区参与存在的基本矛盾是参与期望与参与现实之间的矛盾。[4] 社区参与的内在动力来自社区居民的多样化需求，因此单一强调政治性参与或者非政治性参与是不利于增加居民的社区参与频率和培育居民

---

[1] 杨敏. 作为国家治理单元的社区——对城市社区建设运动过程中居民社区参与和社区认知的个案研究 [J]. 社会学研究，2007（4）：137-164+245.

[2] 杨敏. 公民参与、群众参与与社区参与 [J]. 社会，2005（5）：78-95.

[3] 周林刚. 社区治理中居民参与的制约因素分析——基于深圳A区的问卷调查 [J]. 福建论坛（人文社会科学版），2008（12）：138-141.

[4] 杨荣. 浅论社区建设中的居民参与 [J]. 北京工业大学学报（社会科学版），2002（2）：41-44+78.

的社区归属感，更重要的是要依据社区居民的需求和社区现状合理设计社区参与的内容，拓展社区参与的渠道，丰富社区参与的形式，推动社区参与的良性运转和发展。

五、城乡社区参与的考察

社区参与是多元主体和相关要素相互作用、碰撞融合、协调深化的过程。何雪松等在城市社区居民参与问题上对居委会与居民的关系进行了分析，并构建出八个层次的"本土居民参与阶梯"。① 张欢等通过对全国108个城市社区的实证研究后指出城市社区居民对社区生活质量的满意度和社区居民参与程度正相关，社区服务有助于提升社区生活质量，通过加强社区服务来促进社区参与是推动社区发展的重要策略之一。② 彭文峰则认为当前我国城市社区参与存在总体不足，表现出参与率低、被动、渠道不畅通等问题。③ 城市社区参与存在的问题同样在农村社区参与中有所表现。受居民自身、行政体制、社区治理环境等因素影响，农村社区参与呈现出"无意参与""无力参与""无路参与"等现状，一方面居民无法自我管理、自我服务，社区治理高成本低效率，另一方面居民的需求也无法得到满足。④ 谢治菊通过江苏和贵州农村的实证研究指出农村居民的社区认同与其社区参与显著正相关，民族、收入和文化水平都很大程度影响着村民的社区参与。⑤ 许远旺等则认为赋权于民确保农民参与主体地位、重视农民教育和培训、提升农民的组织化程度、开展农村社区社会工作和志愿服务活动是促进农村社区参与的路径选择。⑥

邓雅丹等基于"态度"变化影响个人行为的基本理论，从"国家—社会"二分法的分析框架去探讨社区参与行为，提出"参与意识—参与意愿—参与行

---

① 何雪松，候秋宇. 城市社区的居民参与：一个本土的阶梯模型 [J]. 华东师范大学学报（哲学社会科学版），2019，51（5）：33-42.
② 张欢，褚勇强. 社区服务是城市居民社区参与的"催化剂"吗？——基于全国108个城市社区的实证研究 [J]. 四川大学学报（哲学社会科学版），2015（6）：103-110.
③ 彭文峰. 我国城市社区建设中社区参与问题成因及对策探析 [J]. 城市发展研究，2011（12）：134-136.
④ 周丽娟，徐顽强. 居民视角的新型农村社区参与式治理实现策略 [J]. 华中农业大学学报（社会科学版），2016（4）：86-91.
⑤ 谢治菊. 村民社区认同与社区参与——基于江苏和贵州农村的实证研究 [J]. 理论与改革，2012（4）：150-155.
⑥ 许远旺，卢璐. 从政府主导到参与式发展：中国农村社区建设的路径选择 [J]. 中州学刊，2011（1）：120-124.

为"的研究逻辑,认为研究社区参与程度的一个重要视角就是社会心理,当前社区参与存在着因居民的社区共同体认知不足导致参与态度淡薄、参与意愿与能力不匹配阻碍参与态度向行为转化、社区共同体认同弱导致的参与持续性不强这三个层面的心理困境。[1] 袁振龙从社会资本理论视角出发认为社区参与是社会资本测量维度的理论依据,社区参与能够提高社区居民的社会信任度,容易形成社会规范和社区共识,增强社区居民的认同感和归属感,从而有利于解决社区公共事务中的问题和困境;通过实证研究发现居民的社会性参与水平较高,政治性参与水平普遍偏低。[2] 张爽通过对计划行为理论视角下居民社区参与的调查研究指出居民的社区参与处于利益型动机占主导,并追求情感型动机双赢的状态,因此他提出推进"社会管理"向"社会治理"转变、建设服务型政府、完善制度机制、加强社区教育等对策。[3]

社会动员理论对社区参与研究具有较强的理论解释力。社会动员广义上被认为是社会现代化的过程,目的是为现代化社会从思想观念、心理素质、知识技能方面造就现代人,把社会动员当作是政治、经济发展的一种手段和方法。[4] 狭义的社会动员则是国家、政党或社会团体,通过思想发动充分激发和调动社会成员的积极性、主动性和创造性,广泛参与社会实践,共同完成社会任务的活动。[5] 杨敏早在 2005 年的研究中就提出我国社区仍然具有很强的国家动员、群众参与的传统烙印,这一观点得到学界的广泛认同。但丛国等则认为大多数社区居委会对于社会动员方式的路径依赖明显,伴随着单位制社区的解体和社会转型,现在的社区资源的有限性,以及各种可替代资源获取渠道的出现,导致传统的社会动员已经失效,社区动员无法发挥组织功能,实现有效社区参与。[6] 甘泉等认为社会动员的核心是思想动员,强调社会动员的思想共识和群体精神动力,也不能忽略社会动员的广泛性和参与性,因为这是社会动员的本质和社会建设、社会治理实践活动的必然要求。袁小平等认为在农村社区建设中,对社区成员进行动员是促进社区参与的重要方法,他将农村地区的社会动员的现状概述为行政动员、项目动员、能人动员和自组织动员四种类

---

[1] 邓雅丹,葛道顺. 社会心理视角下的社区参与 [J]. 甘肃社会科学,2020 (3):108-114.
[2] 袁振龙. 社区参与和社区治安——从社会资本理论视角出发的实证研究 [J]. 中国人民公安大学学报(社会科学版),2009 (4):8-16.
[3] 张爽. 计划行为理论视角下社区居民参与机制探析 [J]. 石家庄学院学报,2018 (1):124-130.
[4] 杨龙. 经济发展中的社会动员及其特殊性 [J]. 天津社会科学,2004 (4):52-54.
[5] 甘泉,骆郁廷. 社会动员的本质探析 [J]. 学术探索,2011 (6):24-28.
[6] 丛国,邹农俭. 社区参与不足的困境与突破 [J]. 中国发展,2009,9 (4):54-57.

型，他认为农村地区的社会动员方法缺乏合理运用和配置、实际动员能力弱，难以形成持续性的合力、动员成果表象化，没有改变村民价值观念和社区结构、社会动员缺乏体制化等问题是阻碍农村社区参与发展的主要因素。[①] 他梳理社会动员理论研究现状，总结出资源、结构、文化三大理论范式，分别从资源供给、结构改变、意义建构的角度分析社会动员理论在社区参与中的作用和方法路径。[②] 所以要分析我国城乡社区参与就不能脱离社会动员理论的分析框架。

社区参与这一议题与社区治理有着紧密联系。社区参与是社区治理的本质要求，社区治理是要确保社区居民在社区中的主体地位，因为社区居民在社区参与的过程中实现政府权力向社会的回归，从政府主导的社会管理向多元主体协同的社会治理转变，大量社会公共空间被释放出来，公共空间的建设和管理离不开多元社会主体的参与。郑杭生等认为社区的核心理念是参与与自治，社区参与和社区自治的不足是制约社区治理的主要因素，他针对居委会困境和共同体困境的社区治理双重困境，提出社区参与式治理的解决对策，构建社区自治组织、社区自治制度、社区参与制度的新型社区治理体制可以破解双重困境。[③] 唐有财、胡兵基于湖南街道弄管会的案例分析指出居民参与社区治理的原动力是利益和情感，而奉献和责任感则能增强社区参与的自觉性，政府给予的荣誉和他人的认可能够为社区参与提供激励，社区参与的意义和价值感则会强化和促进居民的持续参与。[④] 付诚等认为在社区治理中，主体关系不明、自组织能力不足、参与主动性不强等是居民社区参与的现存难题，这并不能仅仅通过政策干预，还应建立健全社区治理机制、培育社区共同体、宣扬社区公民精神从而推进居民的社区参与和社区治理。[⑤] 总的来说，目前居民社区参与仍然存在制度上、组织上、主体上的困境。

多元共治理论倡导多元主体协调协同参与，治理的过程由垂直结构的行政

[①] 袁小平，潘明东. 农村社区建设中社会动员的现状、问题与对策——来自江西省9个村的实地调查 [J]. 南昌大学学报（人文社会科学版），2016，47（5）：14-21.

[②] 袁小平，汪冰逸. 农村社区建设中的社会动员：动员话语与研究进展 [J]. 农林经济管理学报，2018，17（5）：613-621.

[③] 郑杭生，黄家亮. 论我国社区治理的双重困境与创新之维——基于北京市社区管理体制改革实践的分析 [J]. 东岳论丛，2012，33（1）：23-29.

[④] 唐有财，胡兵. 社区治理中的公众参与：国家认同与社区认同的双重驱动 [J]. 云南师范大学学报（哲学社会科学版），2016（2）：63-69.

[⑤] 付诚，王一. 公民参与社区治理的现实困境及对策 [J]. 社会科学战线，2014（11）：207-214.

控制转变为横向网络的民主协商。青少年社区参与是创新社区治理的必然要求，刘晓静（2019）认为社区的青少年拥有较高的参与认知，但其参与行为却较低，在社区参与上存在着知行矛盾，引入社会服务，盘活社区青少年的人力资本是提升其参与的有效方式。赵云亭等在黄浦区青年社区口述史项目中发现，青年群体社区认同感低，社区参与弱离不开青年群体的群体性格与传统自上而下的社区治理理念错配的结构性困境现状，他以口述史为介入方法，从角色接纳、主体赋权、需求驱动、社区认同四个角度构建出青年认同式社区参与模式。[①] 老年人群体则是社区参与的另一个重要的力量，老年人群体由于热情和闲暇以及与社区利益的高度关联使这一群体具有较高的社区参与率，而老年人社区参与积极性和参与形式则受到所在社区居委会等社区组织的组织力量发挥影响[②]，这一点在李宗华等对济南市城市户籍老年人社区参与的调查研究中也得到了论证。此外，社会组织也是社区治理的一个重要参与主体，潘修华、龚颖杰认为，在城市社区治理中，社会组织发挥着促进政府与居民沟通、整合资源、调解矛盾纠纷、满足居民多样化需求等重要作用，提升服务意识、政府大力推动、拓展资源渠道、健全监管、完善法规体系是促进其参与社区治理的重要路径。[③] 多元主体协调协同参与是多元主体的互联、互补、互动，通过社区参与实现社区共同价值、公共资源、人力调配的最优化。

关于居民参与社区治理中的问题成因，有政府组织因素、利益主体因素、社会环境因素、制度失范因素[④]，此外，政府与社会组织之间失衡错位的关系[⑤]、官民二重性[⑥]也是社会组织参与社区治理的困境成因之一，同时有学者认为项目制治理是社会组织社区参与的重要尝试和路径。[⑦] 国外学者也较多关注居民参与社区治理的制约因素和影响因素。Philips Long 认为影响居民参与

---

① 赵云亭，唐有财. 角色接纳、主体赋权与需求驱动：青年认同式社区参与的实现路径——以黄浦区青年社区口述史项目为例［J］. 天津行政学院学报，2021，23（6）：75-83.
② 姜振华. 城市老年人社区参与的现状及原因探析［J］. 人口学刊，2009（5）：38-43.
③ 潘修华，龚颖杰. 社会组织参与城市社区治理探析［J］. 浙江师范大学学报（社会科学版），2014（4）：79-84.
④ 谭日辉. 社会组织参与城市社区治理的路径研究［J］. 邵阳学院学报（社会科学版），2014（5）：65-70.
⑤ 陈科霖，张演锋. 政社关系的理顺与法治化塑造——社会组织参与社区治理的空间与进路［J］. 北京行政学院学报，2020（1）：26-33.
⑥ 尹广文. 官民二重性：社区社会组织参与社区治理的困境分析［J］. 宁夏社会科学，2016（1）：107-111.
⑦ 尹广文. 项目制运作：社会组织参与城市基层社区治理的路径选择［J］. 云南行政学院学报，2017，19（3）：127-133.

行为的因素有社会组织的性质、社区福利水平、地区政治开放程度、居民受教育程度和社区参与的便利程度等因素。[①] Richard C. Box 在其研究中发现，影响居民参与社区治理活动的因素主要有社区社会组织的力量强弱、社区的权力结构以及社区参与的渠道和机会，同时他还提到居住在城市社区的居民还有受生活的压力、工作环境等因素的影响社区参与的积极性。[②] 国内学者武小龙则从个体、组织、社区的三个角度详细分析社区参与的困境和问题成因。[③] 首先，居民社区参与表象化和群体差异化扩大。社区居民实质性参与寥寥可数，仪式性参与实现了社区参与的广泛性，但是它忽略了居民利益保障和表达的诉求，同时社区参与要充分考虑居民的差异性，有针对性地对社区弱势群体增能，实现社区参与的公平性。其次，社会组织的权威性与社会性、公共性不足，社会组织的工作人员更多的是以旁观者的角色看待社区问题，没有真正地进入社区去解决社区问题、打破社区原有的组织层级，未能获取社区居民足够的信任和支持，导致了社会组织的权威性不足，社会组织和居民自组织还存在着"利益博弈"，因此社会组织难以与社区、社区组织、社区居民建立关系。最后，社区网格治理存在公式化与行政化倾向。一些常见的社区问题会被公式化处理，但不同的社区是有其独特的人文背景和历史发展脉络，相似的社区问题形成的原因是错综复杂的，不能一概而论。

涉及农村居民社区参与领域，徐勇探讨了农民参与下的民主实践；黎熙元从农村社区参与的广义角度探讨了政府、民间组织、社会工作者和农村居民等多元主体在内的社区参与模式；夏忠胜则侧重农民主体讨论民主和赋权为核心的参与理念对农村社区参与的重要性；胡美灵紧扣政治权利提出村委会和全体村民自治权的获取是村民自治和社区参与的根本；贺雪峰探讨了不同区域的农村治理差异和农民的公共事务参与能力；彭小霞从赋权角度探讨了引入社区参与机制对农村环境进行有效治理的法律途径。此外，近5年来的国内农村居民社区参与研究更主要集中在对乡村旅游和农村社会工作两个领域的实证分析层面，研究者倾向于在社会调查的基础上对具体地区的参与状况和问题进行描述性分析。

---

① Philips Long. Neighborhood Interaction in a Homogeneous Comrmmity [J]. American Sociological Review，1978：357-366.

② ［美］理查德·C·博克斯. 公民治理：引领21世纪的美国社区 [M]. 孙柏瑛，等译. 北京：中国人民大学出版社，2005.

③ 武小龙，康旭晖. 网格化治理：多元主体的参与逻辑及实践困境——一个增权理论的分析视角 [J]. 社会工作与管理，2021，21（5）：83-89.

社区感，又称社区意识，社区参与是研究社区感的一个重要内容。学界对社区感的定义不尽相同，但大都认为社区感是社区居民对社区的归属感和认可程度，并将社区感发展为一套可测量的指标体系。不同学者建构量表的维度和内容有所差异，台湾学者林瑞钦认为社区感是由人们对所居住社区的认知和感觉共同建构出来的认知系统，其中认同社区、喜欢社区、参与社区活动、关心社区事务四个部分与社区感呈现正相关关系。周佳娴对上海市城市居民社区感的实证研究中，将社区参与作为测量社区感的指标内容，研究发现，上海城市社区参与呈现出一种自愿而被动的特征，她建议通过加强社区参与、社区互动培育社区感。[①] 汪岭等在对国内外社区感研究现状的梳理中提到，社区意识作为一种社区资源，不仅可以促进人们社区参与行为，还可以作为衡量社会发展水平的重要指标。[②] 社区感本质上基于社区居民的互动、参与过程发展起来的集体意识和认同感，但社区感和社区参与不是单一映射的关系，而是相互促进、相互影响、相辅相成的关系。

六、我国农村建设中的居民参与

（一）我国的农村建设

20世纪初期，我国乡村正处在动乱年代的裹挟之中，各种危机加剧，由此在我国出现了一次影响巨大的乡村建设运动。针对我国当时发展的困难和危险，以梁漱溟、晏阳初等为代表的知识分子阶层，分别提出了相对完善的乡村建设思想并付诸实施。他们领导进行了时长不一、内涵不一的乡村建设实践活动，并引起了社会极大的重视与反响。只是因为中国历史的局限性，其很难全面深刻地解决农村问题。新中国成立之后，中国农村经历了多次发展，从经济社会发展、建设主体、承载功能等层面都出现了很大的转变，并呈现出鲜明的阶段性特点和时间印记。

中国从20世纪50年代开始致力于乡村建设的初步工作，并在80年代初期明确提出了社会主义新型乡村建设的基本任务。现如今，我国乡村建设正在乡村振兴战略的伟大宏图中如火如荼地开展。纵观过去几十年的发展历程，中

---

① 周佳娴. 城市居民社区感研究——基于上海市的实证调查 [J]. 甘肃行政学院学报，2011（4）：56−71+127.

② 汪玲，尹皓，刘成祥，魏娇娇. 社区意识研究进展 [J]. 牡丹江医学院学报，2019，40（1）：120−123+88.

国的乡村建设经过了若干阶段的发展。

建国初期,为加速中国工业化和城镇化的建设脚步,党中央在 1955 年制定的《一九五六年——一九六七年全国农业发展纲要》中确定了我国农业发展改革的主要目标和任务。[①] 随后,第一届全国人大三次会议上批准的《高级农业生产合作社示范章程》中明确指出要促进中国农业的持续向前发展[②],这一时期正值中国农村建设发展的萌芽时期。在这期间,国家也于不同时期针对农业建设在五年计划中加入了农村建设内容。其中明确提出,要发展壮大部分集体制的农民生产合作社组织,以形成中国农业发展改革的初步基石。[③] 第二个五年计划重点针对农业社会主义改革,开展土地革命和农业合作社。[④] 直到六五计划,都一直在着重强调农村一定要为工业化和现代化建设奠定物质基础,并逐步形成了工业领导农村、城市领导农村的新城市发展关系。

改革开放后,中国乡村建设开始针对乡村人居空间、村镇体系、农村基础设施建设等加以完善,并出台了一批涉及"三农"重大问题的中央一号文件。1982 年 1 月改革开放后的首个中央一号文件《全国农村工作会议纪要》文件发布,汇总了农村土地改造的经验,部署了下一年的任务,并提出要继续发动群众,有力推动农业生产增长。[⑤] 1983 年发布的中央一号文件《当前农村经济政策的若干问题》强调要加快农村建设,开辟资金来源,力争改变贫困群众的生活,解决农村发展隐患。[⑥] 改革开放以来,中央政府不断推出以农业、市场和农民生活为主体的"中央一号文件",从 2004 年到 2019 年连续推出以"三农"为主体的一号文件,突出强化"三农"问题的关键战略地位,也为后来新农村建设的明确提出奠定了重要基础。[⑦]

中国真正开始提出新农村建设,始于 1984 年 1 月发布的中央一号文件《关于一九八四年农村工作的通知》,这是建国后第三个中央一号文件,其主题

---

① 尹胜. 毛泽东基于"组织起来"的乡村振兴战略布局——以《一九五六年到一九六七年全国农业发展纲要》为中心的考察 [J]. 现代哲学, 2018 (1): 57—64.
② 龚育之. 中国二十世纪通鉴: 1901—2000 [M]. 北京: 线装书局, 2002.
③ 张玉乔. 新中国工业化的奠基——第一个五年计划的建设成就与经验 [J]. 生产力研究, 2005 (7): 48.
④ 第二个五年计划的编制与实施(1958—1962 年)《我国五年计划编制与实施的历史回顾》连载之二 [J]. 中国产经, 2018 (4): 67—77.
⑤ 龚育之. 中国二十世纪通鉴: 1901—2000 [M]. 北京: 线装书局, 2002.
⑥ 陈少艺. 中央一号文件与"三农"政策 [D]. 复旦大学, 2014.
⑦ 盛方富, 马回, 田水连. 我国乡村发展历程及未来政策走向研究——基于对 20 个中央"一号文件"的研究 [J]. 农业考古, 2019 (1): 246—250.

是推进农村商品生产经营的发展,也是首次提出了新农村建设。[1] 1985年发布的中央一号文件《关于进一步活跃农村经济的十项政策》与1986年发布的中央一号文件《关于一九八六年农村工作的部署》则共同为中国农业建设工作提出了更加专业化的建设策略。[2] 1991年党的第十五届三中全会批准的《中共中央关于进一步加强农业和农村工作的决定》明确农民和农村问题一直是我国发展管理工作的基本问题,并着力于开拓农业和农村管理工作的新局面,并对建立社会主义新农村作出了整体规划。[3]

中国新农村初步建设阶段。1997年党的十五大报告提出,必须把发展乡村摆在国民经济工作的前列,以促进农业乡村的发展、农民生活水平的提高,这对新农村建设提出了新的任务[4]。1998年中国共产党第十五届三中全会批准的《中共中央关于农业和农村工作若干重大问题的决定》明确提出了一定要保证生产和农村经济社会的可持续发展,这也标志着中国社会主义新农村建设的新论断的出现。[5] 2003年党的十六届三中全会上明确提出了社会科学发展理念与统筹城乡经济发展的要求。在中央人民政府的支持下,全国各地也开展了新农村建设的初期探索。

中国新农村建设重点实施阶段。2005年,中共十六届五中全会批准的《中共中央关于制定国民经济和社会发展第十一个五年规划的建议》中提到要创建"生产发展、生活富裕、乡风文明、村容整洁、管理民主"的乡村,并明确指出建立社会主义新农村是我国现代化进程中的重大历史任务。[6] 2006年1月出台的中央一号文件《关于推动社会主义新农村建设的若干意见》把社会主义新农村建设工程作为重要历史任务,并提出要统筹城乡经济社会的发展,积极促进社会主义现代农业建设,全面推进社会主义乡村改造,大力发展社会主义乡村公共事业,千方百计增加农民收入。[7] 2008年中共中央办公厅国务院办

---

[1] 晓亮. 中国经络科学年鉴(1985)[M]. 北京:经济科学出版社. 1985.

[2] 盛方富,马回,田水连. 我国乡村发展历程及未来政策走向研究——基于对20个中央"一号文件"的研究[J]. 农业考古,2019(1):246—250.

[3] 中共中央关于进一步加强农业和农村工作的决定[S]. 中华人民共和国国务院公报,1991(42):1466—1479.

[4] 十七大以来重要文献选编[M]. 北京:中央文献出版社,中共中央文献研究室,2009.

[5] 中国农业特色开发年鉴编委会. 中国农业特色开发年鉴(1988—2003)[M]. 北京:中国财政经济出版社,2004.

[6] 《中共中央关于制定国民经济和社会发展第十一个五年规划的建议》[J]. 中国行政管理,2005(12):98.

[7] 中共中央 国务院关于积极发展现代农业 扎实推进社会主义新农村建设的若干意见[J]. 农村经营管理,2007(3):4—9.

公厅印发《关于切实加强农业基础建设进一步促进农业发展农民增收的若干意见》，要求要继续强化农村基层建设工作，指出要构建以工促农，以城带乡的长效机制，逐步形成农村城镇经济一体化机制，并提出要做好"三农"工作，提出"强农惠农"的方针，积极开发现代农业，培育发展新型农业技术，打造先进的农村人才队伍，扎扎实实推动社会主义建设工程。[1] 从此，全国步入社会主义新农村建设重点实施阶段。

党的十八大以来，党中央全面深入开展农村突出问题整治工作，加速推动农村发展体系的构建，对农村发展政策作出了规范与调整。在十八大报告中，第一次明确提出要打造美丽农村的奋斗目标，并要求要以美丽农村为典型开展社会主义新农村建设。[2] 目前，中国已经形成并完善了与社会主义市场经济相适应的多元化农村发展体系，农业农村建设工作进一步深入。在此基础上，中央政府又明确提出了 2020 年现有标准下农业贫困人口全面脱贫的总体目标，将落实社会主义农村发展方略，当作新时期"三农"工作的重点。[3]

党的十九大报告中第一次明确提出了乡村振兴战略。2018 年 1 月，中共中央国务院印发《关于实施乡村振兴战略的意见》，文件提出要将新农村建设作为乡村振兴战略基础工程，深入推进社会主义新农村建设。2018 年 9 月，中共中央国务院颁布《乡村振兴战略规划》，提出要加快推进中国农业农村现代化，逐步走出我国社会主义特色的农村建设道路。[4] 这也标志着中国乡村振兴战略步入了全面实施阶段。

目前，中国已经开始了全方位建设社会主义现代化强国新征程，但农村农业基层不稳固，与城市发展差异较大，对中国全面实现乡村振兴造成了阻力。为了补好这个缺口，十四五计划着重强调要全方位落实乡村建设，以加速农业农村现代化。[5] 2022 年中央一号文件《关于做好全面推进乡村振兴重点工作的意见》，作为 21 世纪至今第十九个引导"三农"工作的中央文件，重申要进一步狠抓"三农"重点工作，接续全方位推动乡村振兴，以实现农作物稳产增

---

[1] 中共中央 国务院关于切实加强农业基础建设进一步促进农业发展农民增收的若干意见 [J]. 中华人民共和国农业部公报，2008 (2)：4-12.
[2] 十八大报告关于农业农村农民政策的论述及解读 [J]. 云南农业，2013 (1)：6-7.
[3] 李向振，张博. 国家视野下的百年乡村建设历程 [J]. 武汉大学学报（哲学社会科学版），2019 (4)：193-200.
[4] 中共中央：审议《乡村振兴战略规划（2018—2022 年）》[J]. 中国农民合作社，2018 (7)：5.
[5] 国务院印发《"十四五"推进农业农村现代化规划》[J]. 中国农业会计，2022 (4)：98.

产、农户平稳增收、农村经济持续向好[1]。党的二十大报告也进一步明确了全面推进乡村振兴的战略要求，指出"全面建设社会主义现代化国家，最艰巨最繁重的任务仍然在农村。坚持农业农村优先发展，坚持城乡融合发展，畅通城乡要素流动。加快建设农业强国，扎实推动乡村产业、人才、文化、生态、组织振兴"。

（二）农村建设中的农民参与

长期以来，中国的农村建设的工作模式已经变成了以政府部门为主导，农村居民为主体的工作形式。政府主导农村建设，不断加大对农村和农业的投入力度，强化政府对农村的公共服务。而农村居民身为乡村建设的中坚力量，既是乡村建设的主体，又是创造的主体，更是权利主体，唯有充分调动农村居民对乡村建设的积极性和创造力，乡村建设才能有更强大的依靠力量。[2]

建国以来，由于村民以及管理权均归属于农村地方自治机构，村民对集体的管理工作与决策均由村民共同来决策，村民参与集体决定的意识和能力较强，有较高的参与感。[3]

改革开放后，我国农村建设受到政府干预思想的影响，呈现出"自上而下"的建设趋势。20世纪80年代，我国农村建设开始重视农民参与的重要性，但由于理解得过于片面和浅显，农村建设过程中依旧出现农民参与意识薄弱、效果欠佳等问题。随着2005年党的十六届五中全会所明确提出的社会主义新农村建设总体目标，中国开始了全面建设社会主义新农村工程的崭新时代，我国乡村建设进入到村民参与共建的轨道上。[4] 2008年起实施的新《中华人民共和国城乡规划法》以专门立法的形式，明文规定了乡村建设工作必须从乡村的实际情况入手，广泛征求农村居民的意愿，这对村民参与提供了法律依据。[5]

十八大以来，我国农村建设呈现出"自下而上"的意识，农民参与依旧停留在无参与或象征性参与。同时，由于我国各区域经济发展不平衡，不同

---

[1] 中共中央国务院关于做好二〇二二年全面推进乡村振兴重点工作的意见[S]. 中华人民共和国国务院公报，2022（7）：5—13.

[2] 范毅. 从农民权利看待新农村建设[J]. 学术界，2006（5）：7—18.

[3] 边防，赵鹏军，张衔春，屠李. 新时期我国乡村规划农民公众参与模式研究[J]. 现代城市研究，2015（4），27—34.

[4] 潘逸阳. 扎扎实实地建设社会主义新农村——学习十六届五中全会精神的体会[J]. 求是，2005（24），8—10.

[5] 中华人民共和国城乡规划法[J]. 中华人民共和国全国人民代表大会常务委员会公报，2015（3）：486—494.

地区农村建设中的农民参与存在一定的差异性,即经济水平较高区域的农村具有较好的农村参与度,反之,经济水平较差的区域的农村建设农民参与度就较低。

现阶段,随着乡村振兴战略的实施,我国农村建设更加注重农民的自发参与,注重以农民自身权益的意愿为出发点来保障农村建设的可操作性和科学性。目前,我国乡村建设正在解决农民参与中存在的客观问题,正在构建符合农民根本利益和意愿的农民参与新体系。

目前,我国农村建设中农民参与的问题较为复杂,主要表现在:一是农民参与内容片面。建国以来,中央政府直接领导乡村建设工作,农民在乡村建设中的话语权相对较弱,使得农民在参加乡村建设工作的广度和效果上存在着较大的局限,这也使得农村居民在乡村建设中仅能够参加到最关心自己利益的部分,而对公共利益部分投入相对较小。二是农民参与形式被动。目前乡村建设主要由地方政府主导,农民仅在乡村建设前期的调研中有少部分参与,且形式较为被动,决策过程参与较少,这就导致农民参与农村建设的作用薄弱,以及农民的发展意愿很难得到满足。三是农民参与方法单一。在某种程度上而言,村民文化素质、科技素质及道德水准能决定乡村建设水平的好坏。由于农民文化水平整体偏低,参与意识不足,阻碍了农民参与到乡村建设的全过程,同时农民大多仅能从村委会得到农村建设的消息和方法,渠道十分单一。四是农民参与知识缺乏。参与知识的了解是农民参与的保障,但通过调研,农户对乡村建设中的各项政策知晓甚少,只知道有很多"好政策",至于自身怎样参与,农民就知之甚少。五是农民参与人数有限。乡村建设的主要对象是农村居民,但在"空巢"的影响下,很多中青年农村居民由于经济困难、自我发展和生存难、学习环境差等方面的因素而选择了外出打工,因此极少参加乡村建设,由此引发农村发展过程中农业技术推广和农业结构调整受到影响。留守在乡下的村民往往会对新农村建设的发展方向与任务持质疑态度,同时也会由于地方政府的导向政策失误而对地方政府产生不信任感,使得他们无法主动地、积极地、创新性地进行农村建设。[①] 六是村民对农村政策的认识不足。一方面部分农村居民对农村政策的认识不足,对相关政策的准备时间不够,严重影响了农户活动的主动性。而另一方面,由于没有注意发动群众,农村居民的活动积极性与主动性都没有充分调动,农民对农村建设认识不够全面、正确,影响他们

---

① 杨淑琼,刘河元. 马克思主体性理论对"空巢"村农民主体建设的启示 [J]. 学理论,2009 (15):17—19.

的参与。[1]据研究表明，多数农户都对乡村建设抱有或多或少的期待，有充分的热情和关注，而个别农村干部和村民则对乡村建设的悲观心态较为强烈，对乡村建设工程冷眼相看、无动于衷。研究还表明，部分农村建设规划脱离实际，实施起来困难，影响农民参与热情。[2]费孝通曾在《乡土中国》中说过"我们乡下佬最大的毛病是私"，相信自家，因为在自己的领域里，义务重于权利；但在公家领域里，却只愿享权利而不愿尽义务。对待自己以外的事务，不希望增加活动力，对于公家的事也与己无关。因此，牢固的小农意识以及传统的封建思想削弱了农村居民的积极性。

（三）乡村振兴战略的提出和推进

新中国建立后至今，各级政府始终将农业发展建设、农业生产的稳定发展当成自己工作的中心。改革开放后，农业问题仍然是新中国经济建设中不能忽视的重要社会问题，所以各级政府也一直将"三农"问题作为工作的重点。从2004年起，连续十三个中央一号文件均以"三农"问题为主线。从十八大开始，习近平总书记屡次在关键场合和重大会议上谈到了农业、农村经济和农民生活问题的重点。[3]

在党中央和政府的不懈努力下，中国农业、农村和农民的蓬勃发展获得了举世瞩目的成绩。不过，受经济原因和社会观念因素的影响，中国农村、农业和村民的经济社会发展仍面临着诸多亟待解决的问题。一是中国农村生产方式与经济发展仍显滞后，耕地利用效率还不高，农村居民和自然环境间的矛盾冲突依然存在；二是农业产业经营的科学管理方法发展滞后，农业产业的经营机制比较单一；三是农民收入增长动力还不够，农业区域间收入差异依然存在；四是农村人口老龄化问题、留守儿童问题、乡村空心化问题等依然是亟待改善的社会问题；五是虽然农业建设取得了一定的进步，但不合时宜的传统观念仍然存在，严重影响了农业的蓬勃发展。

乡村振兴战略提出的前期政策准备。步入21世纪，如何全面建设小康社会将是下一个国家经济发展的重心，党的十六大、十七大、十八大都立足于全面建成小康社会的总体发展目标上，对"三农"实际工作提出了新的目标和要求。党的十六大以"全方位蓬勃发展乡村经济，加速乡村化进程"为主旨，明

---

[1] 刘付兵，高淑桃. 引导新生代农民参与新农村建设的思考[J]. 农村经济与科技，2010，21(10)：35-37.
[2] 万慧进. 农民参与新农村建设的制度架构[J]. 理论与改革，2006（4）：25-27.
[3] 盛方富，马回，田水连. 我国乡村发展历程及未来政策走向研究——基于对20个中央"一号文件"的研究[J]. 农业考古，2019（1）：246-250.

确提出统筹兼顾城乡经济社会蓬勃发展，建立现代农业、蓬勃发展村镇经济、提高农民人均收入。① 党的十七大以"统筹城乡经济发展，推动社会主义新农村建立"为主题，建立了城乡经济发展统一格局体系。② 党的十八大报告指出，要加强统筹城乡经济发展力量，提高农村经济发展活力，推动城乡共同发展。③

为实现城乡统筹发展，加速缓解"三农"问题和乡村建设难题，2017年习近平总书记在党的十九大讲话中第一次明确提出"实施乡村振兴战略"，这是根据新时期农业、农村和农民建设获得较好成果的重要基础上，为解决"三农"方面在新时代背景下产生的新的冲突孕育而生的。④ 习近平总书记在党的十九大讲话中提到，我国社会矛盾开始转变为人民群众日益增长的美好生活需求和不平衡不充分的发展之间矛盾。乡村建设不完善，城市发展不平衡仍是影响解决全体农民群众对日益增长的美好生活的需求的最大瓶颈。为此，国家乡村振兴战略明确提出了"产业兴旺、生态宜居、乡风文明、治理有效、生活富裕"的总目标。这是基于对新形势下"三农"建设所面对重要矛盾的准确把握，着眼于"五位一体"总体规划，对标决胜全面建成小康社会，补全"三农"建设缺口和"三农"建设弱项所作出的重要战略部署。⑤

乡村振兴战略的提出是中国新农村建设的升华⑥，而乡村振兴战略的提出又有着多方面的实际基础。一是当前国家的基本国情，决定了中国农村绝不能衰败。从世界各国的发展经历中可以看出，城市化是我国实现现代化的必然需要和巨大力量。提倡城乡共同繁荣，绝不是不进行城市化，也并非要将城乡发展完全孤立开来，而是要从中国的历史现实出发，科学指导中国在现代化进程中的城市格局及其变革。⑦ 习近平在2013年12月的中央城镇化工作会议上的重要讲话中提到：在人口城市化的问题上，我们要有充分的耐心。⑧ 在2013

---

① 许毅，柳文. 农村建设小康社会的实现途径——学习党的十六大报告的体会 [J]. 中南财经政法大学学报，2003（2）：3-10+142.
② 闫越. 加强社会建设 着力改善民生——学习党的十七大报告的体会 [J]. 长白学刊，2007（6）：4-8.
③ 叶兴庆. 新时代中国乡村振兴战略论纲 [J]. 改革，2018（1）：65-73.
④ 习近平. 决胜全面建成小康社会 夺取新时代中国特色社会主义伟大胜利 [N]. 人民日报，2017-10-28（1-20）.
⑤ 马德富. 新时代乡村发展嬗变与后乡村治理——实施乡村振兴战略提出的时代课题 [J]. 理论与现代化，2018（4）：34-39.
⑥ 关浩杰. 乡村振兴战略的内涵、思路与政策取向 [J]. 农业经济，2018（10）：3-5.
⑦ 陈锡文. 从农村改革四十年看乡村振兴战略的提出 [J]. 行政管理改革，2018（4）：4-10.
⑧ 张蔚萍. 中国思想政治工作年鉴（2013—2014）[M]. 北京：中共中央党校出版社，2013.

年12月的中央农业工作会议中提到:"应该知道,由于中国幅员面积广阔,人数繁多,而且绝大部分土地面积都是乡村,所以就算中国将来的城市化水平达到了百分之七十,也还会有四五亿多人生中存在乡村。"为此要不断推动社会主义新农村建设,帮助农村居民打造幸福家庭和美好农村。① 在2017年12月的中央政治局关于乡村建设座谈会上,习近平为落实中国乡村振兴所作的重要讲话中,就一再强调了要通过充分城镇化,推动乡村的发展,并表示:中国落实好乡村振兴战略也就是向全世界的农村问题,奉献中国精神和中国智慧。二是中国历史的特点要求我们必须开展乡村振兴。中国现已步入全新时期,而现阶段中国的主要矛盾也已经转变,而经济发展的不均衡不完善,主要突出表现在农业生产与乡村基础建设的相对落后方面。因此,十九大报告重点指出要保持农业乡村的优先发展,加速推动农业农村现代化。破解中国当前的"三农"难题,要靠城市化,但也不是全靠城市化。一段时间至今,还有着一个认知,即"三农"难题要靠城市化来破解,只有让村民进了城,"三农"的难题就迎刃而解了。这些观点不适合中国的现实。需要更全面、客观地审视中国农民、乡村经济和农业发展的实际状况,这也是乡村振兴战略的客观要求。②

推行乡村振兴战略,是中国农村发展的新起点。③ 自习近平总书记在十九大报告中明确提出"乡村振兴战略"后,国家政府部门相继推出了多项支持乡村振兴实施的有效措施。2018年1月,中共中央国务院发布《关于实施乡村振兴战略的意见》,明确提出乡村振兴三阶段各项任务,即到2022年,乡村振兴实现关键性突破,乡村振兴体系架构与制度框架初步建立;到2035年,乡村振兴实现决定性突破,农业农村现代化基本实现;到2050年,乡村全面振兴,农村美、农业强、农民富全面实现。④ 2018年9月,中共中央国务院发布了首个全面推动中国乡村振兴政策的五年计划《乡村振兴战略规划(2018—2022)》,以引导各地区各部门分类有序推进乡村振兴。⑤ 2018年7月,全国人大常委会开始牵头启动《中华人民共和国乡村振兴促进法》的立法进程,并正式采用专门立法的方式来保证中国乡村振兴政策的高效执行,这也代表着中国乡村振兴政策正式拉开了法律篇章,自此乡村振兴进入有章可循、落地有声的

---

① 张蔚萍. 中国思想政治工作年鉴(2013—2014)[M]. 北京:中共中央党校出版社,2013.
② 陈锡文. 从农村改革四十年看乡村振兴战略的提出[J]. 行政管理改革,2018(4):4—10.
③ 王亚华,苏毅清. 乡村振兴——中国农村发展新战略[J]. 中央社会主义学院学报,2017(6):49—55.
④ 中共中央国务院关于实施乡村振兴战略的意见[N]. 人民日报,2018-02-05(1—10).
⑤ 中共中央国务院印发. 乡村振兴战略规划(2018—2022年)[N]. 人民日报,2018-09-27(1—38).

新时代。① 2019年9月，中共中央办公厅颁布了《中国共产党农村工作条例》，确定了将处理"三农"问题列为我们任务的重点，进一步明确了各级党委人民政府开展农村工作的主要职能和任务，以确保中国乡村振兴战略的成功实施和中国农业农村现代化的加快发展。② 在全面建成小康社会后，中国开始了全面建设社会主义现代化强国新征程，但中国农村发展不稳固，城市发展差异明显巨大，对我国全面实现乡村振兴产生阻碍。为了补缺这块发展短板，"十四五"规划明确提出要全方位实施乡村振兴战略，以推动农业农村现代化。③ 2022年1月，中共中央国务院印发《关于做好全面推进乡村振兴重点工作的意见》，文件中提出，要扎实有序地搞好农村发展、乡村建设、农民动员等重大工作，全方位推动乡村振兴获得新发展，为农业农村现代化建设工程迈出了新一步。④

进入新时代，全国乡村振兴任务艰巨，要明晰各阶段具体实施途径与思路，要聚焦国家政府、农村、市场这三个合力的作用，进而实现乡村振兴的高质量实施。

高质量地实施乡村振兴战略要突出重点，不断走深走实。一是要有效巩固农村脱贫攻坚成效。要抓好预防返贫监测和扶贫两个重点，要抓好发展生产和就业两个方面，要抓细实施乡村振兴计划，要抓好农村基层组织建设和乡村稳定发展，凝聚起推动乡村振兴的更大合力。二是要扎扎实实推动乡村建设。要保持统一思想，按照科学规划，推进乡村发展取得明显实效；要扎实推动乡村人居环境整改，协调推动乡村发展。三是完善和提升乡村治理成效。要通过协调推动，试验示范，深入推动乡村治理成果；要完善乡村治理制度，要进一步推广优秀经验，要深入推进乡村治理试点示范。四是建立健全乡村振兴推进机制。要完善责任推进机制，要完善服务要素保障机制，要完善考评机制⑤。五是充分调动农村居民参加乡村振兴活动的积极性。乡村振兴不但要求农村居民作为受益人，同时还要求农村居民作为参加者。乡村复兴最关键的是人的振兴，党的十九大报告就明确提出要建设一批懂农业、爱乡村、爱农民的"三农"工作队伍，就是要唤醒农民在农村建设中的主人翁意识，增强基础组织的

---

① 中华人民共和国乡村振兴促进法 [N]. 农民日报，2021-04-30 (1-8).
② 中共中央印发. 中国共产党农村基层组织工作条例 [N]. 人民日报，2019-01-11 (1-7).
③ 魏后凯，郐亮亮，崔凯，张瑞娟，檀学文. "十四五"时期促进乡村振兴的思路与政策 [J]. 农村经济，2020 (8)：1-11.
④ 中共中央国务院. 关于做好二〇二二年全面推进乡村振兴重点工作的意见 [N]. 人民日报. 2022-02-23 (1-7).
⑤ 洪天云. 高质量实施乡村振兴战略 [J]. 秘书工作，2022 (4)：9-11.

建设活力。①

（四）乡村振兴中的农村居民参与

实施乡村振兴战略着重在动员农村居民积极参与农村建设。村民是实施乡村振兴战略的核心主体。在乡村振兴进程中，村民既是参与振兴的主体，又是创造活力主体，所以村民既是城乡振兴战略的最大受益人，又是农村建设的主要力量。②村民用切身实际推进农村建设工作，是切实落实乡村振兴战略的重要之举。③而乡村振兴如果没有了村民的有效参与，乡村振兴则不能称为完全振兴。

现阶段，中国农村居民积极参与乡村振兴活动的步伐在总体上已平稳推进，但在中国乡村振兴战略实施进程中农村居民参与度不足、参与无序的情况依旧严重。重点反映在农村五大振兴中。在产业振兴方面：农村产业作为农村振兴的经济源泉，也是农村居民参与乡村振兴最主要的方式。由于"三权分置"的实施，农村土地流转已逐步变成对农村居民进行产业振兴的主要方法，而由于乡村产业经营管理人员老龄化严重，且农村主导产业的发展中缺乏年轻人，所以农村居民投入乡村产业发展的热情程度逐渐降低。在组织振兴上：由于基层自治权的主体为村民，因此目前农村居民可以采取直接投票、民主监督的方法，来直接介入农村建设的过程中。而经相关机构调查后了解到，目前的农村居民在农村事务处理中，其只是担任"旁观者"的角色，并没有作出具体决定的决策权和介入农村事务的自主参与权，导致农村居民组织化程度很低。④据调查，村民们加入社会公共事务机构的愿望，与对社会的归属感和认同感成正相关⑤，由此可见目前村民已经很少加入乡村振兴的进程中，很大程度上源于村民对所在乡村的归属感和认同感并不强。同时，农村居民长期受科层制的影响，导致农村居民对参与乡村事务管理缺乏信心，对乡村的各项管理事务漠不关心，表现出一种"事不关己高高挂起"的现象，尤其是发现乡村事

---

① 王亚华，苏毅清．乡村振兴——中国农村发展新战略［J］．中央社会主义学院学报，2017 (6)：49-55.

② 王凯．论农民在乡村振兴中的主体地位［J］．中共太原市委党校学报，2018 (3)：30-32.

③ 安文涛，回婷婷．乡村振兴背景下村民参与乡村建设路径研究［J］．南方农机，2022，105-107.

④ 蒋永穆．基于社会主要矛盾变化的乡村振兴战略：内涵及路径［J］．社会科学辑刊，2018，15-21.

⑤ Social Participation, Sense of Community and Social Well Being: A Study on American, Italian and Iranian University Students [J]. Elvira Cicognani, Claudia Pirini, Corey Keyes, Mohsen Joshanloo, Reza Rostami, Masoud Nosratabadi. Social Indicators Research. 2008 (1): 97-112.

务管理出现问题的情况，往往选择不了了之的态度来对待。在人才振兴领域：人才培养成为农村振兴的主体动力，缺乏人才培养，农村振兴将毫无意义。目前，中国农村居民多数还是偏向于进城打工，仅仅是因为城市收入相对于农村更高。这也使得当前留在农村参加乡村振兴工作的总体人员相对较少，而农村本地人才外流问题严重，对农村吸引力明显降低，因此农村居民的"外流"已成为中国各地乡村振兴工作中普遍存在的问题。在生态振兴方面：长期以来，乡村的生态建设一直以政府"自上而下"的工作模式为主，在这种工作模式下，农村居民很难参与到乡村的生态建设中。同时，受乡村传统思想的影响，大多数农村居民对乡村生态保护的责任意识薄弱，缺少主动性和参与性，且参与生态治理的方式单一，深度不足。但实际上，大多数农村居民都希望生活在一个生态良好的乡村，但是一个很现实的问题是农村居民不知道如何参与，应该通过哪种方式和途径参与，当这种微弱的参与意愿被参与无门的困境影响后，农村居民就会形成"事不关己高高挂起"的惯性思维。[1] 在文化振兴领域：近年来，大批的农村居民远离乡村在都市中居住或经常在都市中打工，村民远离故土，乡土感日益减弱，目前留守乡村的多是老人，其参加乡村文化振兴的意识与愿望均欠缺，也使得乡土特色文化萎缩[2]，农村居民投入到乡村文明发展的时间日益减少[3]。同时受网络文化和城市文化的影响，优秀乡土文化的承载力和生存空间不断萎缩，致使其不断流失。

纵观近年来乡村振兴中农村居民的参与情况可以发现，我国农村居民在参与乡村振兴进程中参与意识薄弱、参与方式单一、参与程度低这三个特点难题较为突出。从农村居民参与乡村振兴的现状来看，农村居民未能真正参与到乡村振兴的进程中来[4]，究其根本，主要由以下几方面原因：

一是农村居民投身乡村振兴运动的积极性不强。一方面因为农村居民作为乡村振兴的重要主体，其投入到乡村振兴的积极程度直接决定着乡村振兴能否顺利实现。不过，由于农村居民普遍受限于农村生存条件和自身的经济限制，多数农户尤其重视个人的短期收益，对长远收益的重视程度不大，这也产生了

---

[1] 黄永林，吴祖云. 乡村文化建设中农民主体意识建构与作用发挥［J］. 理论月刊，2021（3）：93-99.

[2] 韩鹏云，张钟杰. 乡村文化发展的治理困局及破解之道［J］. 长白学刊，2017（4）：142-150.

[3] 黄爱教. 从文化旁观者到参与者：乡村振兴的文化权利及其实现［J］. 新疆社会科学，2019（1）：96-102.

[4] 曾凡军，韦锦银. 乡村振兴中的农民参与：现实困境与实现策略［J］. 湖北行政学院学报，2019（3）：35-40.

一些被动投入的状况。同时，由于农村居民对农村建设的了解还不够，对农村发展的前景还产生了不少疑虑，导致参与动力弱。另一方面，受城市中心主义文化的影响，农村居民正逐渐追求城市中的高品质生活，对乡村生活的期待逐渐降低。同时，由于乡村产业的盈利周期长、市场风险大等原因，导致农村居民收入不稳定，这是农村居民参与主动性不强的关键因素。此外，在农村，资源的匮乏和教育质量的低下在很大程度上导致了农村居民的文化程度落后，在乡村振兴的实施中，这种不足就集中体现在了参与能力上。同时，农村居民即便有参与的意愿，但没有表达自己意愿的渠道，对参与的方式产生误解，长此以往造成农民参与的缺失和无序。①

二是乡村传统"小农"思想影响。当前，乡村依旧受到传统"小农"思想的影响，在乡村振兴战略中，由于深受农村固有传统思想的影响，农村居民经常将自己置身事外，让政府在乡村建设上唱"独角戏"，这难以让乡村社会激发内生建设活力，影响乡村振兴的效率。同时，由于深受中国传统政治参与文化以及所受高等教育水平低下的影响，中国大多数农村居民并不能意识到自身的组织活动及其对于农村振兴的价值所在，导致多数村民养成消极、观望和搭便车的心态。② 农村居民缺乏参与意识和对乡村振兴的正确认识，这对农村居民参与乡村振兴的行为和意愿产生较大的影响。农村作为信息相对闭塞的地区，经济和社会生活的落后也会导致农村居民缺少对乡村振兴的政策的了解，也抑制了农村居民参与乡村振兴的主动性，出现"自扫门前雪"的现象，不多过问其他事情。与此同时，也因为在传统小农经济环境下造成的社会封闭保守、信息不对称因素，使得农村居民在参与乡村振兴计划的实践过程中会产生相当的情绪化和无序，甚至过量的投入。由于大部分农村居民没有接受过乡村振兴方面的专业教育，导致其参与乡村振兴的效率和效果不达标。③

三是广大农村居民投身乡村振兴进程的内生力量还不够。一方面，由于我国农村发展的基本情况，导致农村教育存在先天滞后性，农村劳动力面临着参与意识不足、知识能力不足的实际问题。另一方面，农村劳动力没有完善的知识储备，日常生产中主要进行体力劳动作业，对现代化科学技术的了解水平不够，不能很好地适应乡村振兴中新技术的使用，这会挫伤农村居民的积极性和

---

① 靳朝晖，孙守相. 有序和有效：新型城镇化进程中农民参与的两个维度［J］. 社科纵横，2015（8）：53—57.

② 孙柏瑛，杜英歌. 地方治理中的有序公民参与［M］. 北京：中国人民大学出版社，2013.

③ 张天健，孙守相. 乡村振兴战略规划中的农民参与研究［J］. 社科纵横，2019，34（4）：58—63.

创造性。同时，由于农村居民从事农业本身所支配收入较少，迫于生活压力，不能自发地参与乡村创业。同时，由于乡村振兴政策在乡村的宣传方式单一，宣传力度不够，导致农村居民参与渠道不畅。虽然目前信息尤为发达，但农村居民缺乏主动去了解有关乡村振兴战略积极性，由此缺乏了建设主体的意识。同时，随着小康社会的全面建成，农村居民不会再为温饱问题而犯愁，且农村结构占比较大的老年群体，他们的目标是安享晚年，对生活质量的提高没有太多的追求，从而导致农村居民很少主动参与到乡村建设中。并且在精准扶贫期间，政府对农村的居民进行了专项扶贫，为他们提供了较多的补贴，部分农村居民由此养成了依赖政府的思想，认为农村建设全靠政府，与他们没有关系[①]，这也是乡村振兴中农民参与最严重的现实困境。

根据上述分析，唯有全面重视在乡村振兴战略中农村居民的主体地位，逐步畅通农村居民参与乡村振兴战略的途径，切实增强农村居民参与到乡村振兴的能力，使其有序地投入到乡村振兴战略的全过程中，才能确保乡村振兴策略的稳定、有效地执行。

七、研究动态述评

从目前查阅的文献来看，公民参与始终是国外相关学科的重点研究领域。相较之下，国内的居民参与研究紧扣社区、社区建设、社区自治或社会治理而广泛开展，成为当前社会学和公共管理、政治学等学科的研究热点；居民参与的内容大多围绕居民参与意识、动力机制、参与能力等展开，居民参与对我国社会经济发展的重要功能已经在学界达成共识，但对激发居民参与的相关探讨仍然过多地侧重"动员"而非"激励"，没有摆脱政府动员下居民参与的传统烙印，尤其在既往的新农村建设中的居民参与探讨，涉及"激励"的文献相对缺乏。

国外研究中，侧重对基于主观认同的公民参与发生机制的分析传统可以为本书研究奠定一定的理论和经验基础。但是，在特定的政治、经济和社会发展现实和社会思潮的影响下，国外公民参与研究日趋与社会运动和集体行动紧密联系，在当下愈发聚焦于政治抗争和族群运动领域，一定程度上忽视了公民参与对于满足社会整体利益的经济社会发展以及民生建设的作用。这也决定了西

---

① 周星宇. 乡村振兴战略下农民和基层干部参与主体积极性探析［J］. 现代农业科技，2018（18）：255-256.

方的公民参与研究成果不能照搬应用于国内现实，本书需要在批判和反思的基础上进行合理借鉴，提取国外研究在此基础上的经验总结，要契合国内的政治、经济、文化语境下对国内农村居民参与进行分析和研究。

国内居民参与研究在借鉴国外经验的同时也沿袭了自身的价值取向，将参与视为公民权利实现途径的同时更注重其对经济、政治、文化和社会民生发展的重大作用。在新农村建设中，学者们愈加关注农村居民社区参与对农村经济社会发展的影响，农村居民参与研究的开展日趋广泛。然而，在目前较为丰富的相关研究成果中，早期注重于宏观功能、机制等层面的定性探讨，近来虽更倾向于调查研究，侧重对参与状况在统计层面的描述和解释，以及关注农村村民的参与行为和参与意愿、参与意识等某一具体领域，但仍缺乏针对在当前我国农村社会变迁形势下的农村居民社区参与促发机制和影响因素的系统性分析，更没有针对居民参与的激励研究，凸显了研究深化的紧迫性。

第二节　社会动员的相关研究

一、社会动员研究的兴起与演进

"动员"一词最早起源于德国，在起源后的早期阶段主要是运用于军事领域，原为德文"Mobilmachung"，意为使动起来，作为一个学术名词，最早是由S·N·艾森施塔特首次提出。日俄战争结束之后，为提高效率，日本将军儿玉源太郎最先将其译为动员，译为"能动之员"。克莱姆[①]认为动员就是快速组织，把优势兵力给集结起来。中国《辞海》这本书中也有动员的相关表述，书中指出"所谓动员就是通过某种具体的手段，以把国家或政治集团的武装力量从平时状态转入战争状态为目标，以便能够把所有的经济部门转入供应战争需要的工作部门。"综合以上这些中西方有关动员的概述，其都有一种共同的指向：即动员在早期阶段主要是以集合资源为手段来为军事和战争服务。

20世纪中叶随着现代化进程不断演进，动员的含义便不仅仅局限在军事领域，其范围已经扩大至政治、经济、国防等社会各个领域中，具有国家总体

[①] [美]哈诺德·J. 克莱姆. 经济动员准备 [M]. 库桂生，张烦顺，译. 北京：北京理工大学出版社. 2007.

力量总和动员的特点,出现了政治动员、经济动员、资源动员等概念。动员从最初的物质调动到后来的政治的准备和精神的调动,甚至精神调动与政治准备发挥的作用更大。在此基础上,美国学者卡尔·多伊奇首先提出了"社会动员"的概念,亨廷顿、布莱克、英克尔斯等学者分别对此进行了延伸,成为学界热点。社会学界最早是由麦卡锡和扎尔德使用"resource mobilization"来研究社会运动频发的现象,斯诺等[1]学者在麦卡锡和扎尔德的基础上提出"框架联合"这一概念,并将其发展为框架沟通、方法、扩展、转型四个策略,以此用来指出社会运动网络对于社会运动动员的重要性;不仅如此,古德[2]又提出正式网络以及非正式网络,并指出两者在社会动员中相互交织,共同发挥功能;莫劳切[3]则是分析媒体与社会动员之间的关系,其认为社会人员的空间分布是社会动员网络形成的基础,并且社会成员参与动员活动是通过社会动员网络和组织实现;因此不难看出社会学界对于社会动员更侧重于对于资源和动员网络。

在中华人民共和国成立之后的各个阶段中都不同程度地开展了政治动员,基于此可以看出,"动员"的军事意义逐渐淡化,政治色彩愈发浓厚。针对不同时期社会动员的演进,詹姆斯和沃马克[4]分析了中国政治动员历史演变,认为政治动员是获取资源去服务权威的过程。

革命战争时期的社会动员,吴开松认为这种动员是将不利因素转化为有利因素,团结各族人民革命的重要方式。[5] 这一时期的主要方式包括:进行宣传鼓动、开展思想政治工作、树立先进典型。这期间的社会动员机制是以群众运动为载体、以国家政权来推动、以阶级斗争为基础的利益实现。关于苏区时期中共政治动员形式,刘荣刚认为中共在苏区政治动员的形式为普及宣传、思想政治教育、树立典型学习等等。[6] 钟日兴、张玉龙分析苏区时期后勤动员,发现后勤动员能够快速集结人、钱、粮等资源,为苏区战争胜利奠定基础。[7] 王

---

[1] David. Snow. Frame Alignment Proesses, Micrornobilization, and Movement Participation [J]. Americam Socioloical Review,1986(51):464−481.

[2] Gould, Roger. Multiple Networks and Mobilization in the Paris Commune [J]. American Sociological Review. 1991(56):716−729.

[3] Fay Lomax Cook, Tom R. Tyler, Edward G. Goetz, et al. Media and Agenda Setting: Effects on the Public, Interest Group Leaders, Policy Makers, and Policy. 1983,47(1):16−35.

[4] [美] 詹姆斯·R. 汤森,布兰特利·沃马克. 中国政治 [M]. 顾速,黄方,译. 南京:江苏人民出版社,2003.

[5] 吴开松. 当代中国危机动员研究 [D]. 武汉:华中师范大学,2006.

[6] 刘荣刚. 对中国共产党政治动员的现实思考 [J]. 理论与改革,1998(4):41−42。

[7] 钟日兴,张玉龙. 中央苏区乡村中的战时后勤动员 [J]. 历史教学,2010(14):33−36.

长付在分析中国共产党政治动员动因、实践作用时,认为政府需要加强自身建设、政治动员的目标需要实效性且与社会民众的利益相一致。①杨会清认为中共当时在苏区动员过程中形成了一套独特的模式:通过阶级斗争和土地革命为手段,围绕着政治动员、筹款、扩红以及肃反等革命战争准备工作展开,并认为这种模式将会一直延续至新中国成立之后。②邓文认为此时期政治动员得益于宣传形式的多样性、娱乐活动的开展和扫盲教育。③

抗战阶段政治动员形式,徐彬认为此阶段政治动员的形式与手段主要是利益整合、组织控制、整合革命资源。④张丽梅分析抗战时期国共两党社会动员的指导思想、目标、动员方式、内容以及效果特点异同,认为国共两党社会动员内容基本一致,但是共产党更加注重物质与精神并举,国民党则只关注精神层面的社会动员;共产党通过提升民众素质,唤醒民众抗日,而国民党则是应急式抗战动员。⑤翁有为认为中国共产党政治动员在革命根据地获得巨大的成功,原因在于中共做到了"相信人民群众、为了人民群众、引导人民群众";⑥李俊宝等人与之观点一致;⑦李会先以陕甘宁为例分析革命根据地不断壮大的成功经验在于回应了社会民众的物质利益和精神需求,回应了时代主题;⑧郭赟林、冯敏、王慧莉等国内学者分别选取不同地点分析政治动员的经验,其大体与上述结论基本一致。⑨

董军芳分析中共在解放战争时期民众动员存在的利弊,总结了当时民众动员的四种类型,并认为民众动员应该由政党制定出一系列的控制机制,让其能够适度有秩序。⑩王德道认为中共在解放区构建社会动员理论为其赢得解放战争胜利打下坚实的基础。⑪吴开松认为此时期内中共动员方式包括:一是重视宣传鼓动,尤其是"诉苦"动员,通过情绪的发动使民众增加对剥削阶层的痛

---

① 翁有为. 论抗日根据地的政治动员与政治参与 [J]. 山东社会科学, 1997 (3): 66—70.
② 杨会清. 中国苏维埃运动中的动员模式研究(1927—1937) [M]. 南昌: 江西人民出版社, 2008.
③ 邓文. 简论苏区政治动员的形式及内容 [J]. 党史文苑(学术版), 2008 (1): 16—17.
④ 徐彬. 论政治动员 [J]. 中共福建省委党校学报, 2005 (1): 20—24.
⑤ 张丽梅, 艾虹. 抗战时期中共社会动员指导思想评析 [J]. 理论前沿, 2009 (4): 25—26.
⑥ 翁有为. 论抗日根据地的政治动员与政治参与, 山东社会科学 1997 (3): 70.
⑦ 李俊宝. 抗日根据地的社会动员 [J]. 沧桑, 2008 (6): 54+57.
⑧ 李会先. 抗战期间陕甘宁边区民众动员研究 [D]. 首都师范大学, 2008.
⑨ 郭赟林. 晋察冀边区的革命戏剧与政治动员 [D]. 山西大学, 2009.
⑩ 董军芳. 解放战争时期中国共产党在晋察冀边区的民众动员 [D]. 河北师范大学, 2007.
⑪ 王德道: 土改中的社会动员——以1946—1949年临沂老区为中心的考察 [D]. 江西财经大学, 2009.

恶，提升整体的抗争意识；二是广泛开展思想政治教育，通过思想教育让民众意识到自己的利益，并动员其为自身利益而参与奋斗，提高广大群众的积极性与思想觉悟；三是树立典型，通过典型的模范作用吸引广大群众学习。① 侯松涛通过实证探究分析抗美援朝运动期间，认为期间开展了宣传动员、行动动员、组织动员、诉苦动员等动员类型，形成动员形式复合作用，立体式的动员网络。并且这种运作形式与革命型的运作特点之后也成为中国共产党的执政方式和工作形式。②

关于改革开放时期的社会动员，杨小明、张涛指出中共的政治动员方式主要是采用利益诱导、通过小范围"试点"来逐步地进行社会动员，而不是以激进的方式，不是通过政治权力的强制性、民间组织以及发展民主政治进行政治动员。③ 李宇征认为在改革开放初期，随着国家发展以及现代化进程的演进，与此同时中国共产党还面临着内部的历史环境影响，外部日益激烈的国际环境，为完成"四化"目标，采用思想动员、利益动员、情感动员、组织动员等手段促使人民参与国家建设中来，实现从"群众动员"向"制度性动员"的转向。④

以改革开放为分界线，徐勇⑤总结了从1949年到1978年的动员是民主与政治的整合；1978年至今的动员是参与式动员与政治的整合。陈华总结了新中国成立初期至改革开放前（1949—1978年）由于国家具有强大的资源控制以及人们对国家的依附性，形成了个人对国家的服从现象，社会动员方式也沿袭革命期间的"群众动员"模式。⑥ 这种动员模式也适应当时的计划经济体制。改革开放以来，由于经济体制和政治体制改革，这一时期的社会动员不再以体制内的行政力量与组织推动为先决条件，社会动员方式、主体、内容呈现出多元化，社会自主动员作用越来越凸显。贺治方认为传统管制模式下的社会动员（1949—1978年）的方式主要是：通过政治权力与行政指令、领袖影响、群众运动、传播媒介、树立典型进行动员；治理现代化转型期社会动员方式从

---

① 吴开松. 当代中国危机动员研究 [D]. 华中师范大学，2006.
② 侯松涛. 抗美援朝运动中的社会动员 [D]. 中共中央党校，2006.
③ 杨小明，张涛. 改革开放以来中国共产党的政治动员方式初探 [J]. 云南行政学院学报，2009（1）：19-23.
④ 李宇征，马天一. 改革开放初期邓小平的社会动员观 [J]. 昭通学院学报，2019，41（4）：85-89.
⑤ 徐勇."宣传下乡"：中国共产党对乡土社会的动员与整合 [J]. 中共党史研究，2010（10）：15-22.
⑥ 陈华. 互联网社会动员的初步研究 [D]. 中共中央党校，2011.

强制性到诱导型发生变化，更加注重公民利益，主要通过大众传媒，以情感共鸣来获得社会支持，并在法治体制下进行社会动员。[①] 周凯分析 1949—1978 年，国家发起的全国性群体运动达到 70 多次，涉及国家发展的方方面面，总结这一阶段这一时期动员方式为国家主导的"群众运动"；随着行政力量在资源配置中的改变，大规模群众运动停止，但国家在动员方面仍有较强的惯性，形成具有中国特色的"运动式治理"。[②] 邓万春认为我国从计划经济体制向市场经济体制过程中，既有社会动员存在的条件发生变化，社会动员发生较大的变化：一是国家动员的实际动员能力下降；二是动员方向以效率为基准；这种动员方式的改变与资源的配置方式和发展主义崇拜有较大的关联。[③]

在新时期这一大背景下，如何进行有效的社会动员，特别是针对重大的危机面前，不同学者持有不同的论点。左吉祥分析新形势下面对自然灾害应该积极进行社会动员，动员党员、军队、传媒、人民进行支援，形成新的社会动员模式。[④] 总之，不难看出针对中共不同时期的社会动员研究比较丰富，尤其是革命战争期间以及改革开放之后的研究。但同时需要指出的是针对国外社会动员的演进研究还是存在明显不足。并且随着国家现代化进程不断推进，法治化国家与法制化体系不断深入，如何建立有效的制度去规范社会动员，探索具有中国特色的社会动员机制是今后的重点。

二、社会动员的定义与内涵

社会动员一直以来都是十分重要的社会现象，对国家发展举足轻重。尤其是在我国，社会动员的作用也更加突出。"社会动员"概念自美国学者卡尔·多伊奇首次提出之后，逐渐成为学界重点关注的议题，国内外学者针对自身的研究角度对社会动员的定义和内涵发表见解。

（一）社会动员的定义

"社会动员"这一概念由西方率先提出。在 20 世纪 90 年代才引入中国，由于我国为后发展国家且制度上存在根本差异，导致中西方对于社会动员定义

[①] 贺治方. 国家治理现代化进程中社会动员研究 [D]. 中共中央党校，2019.
[②] 周凯. 社会动员与国家治理：基于国家能力的视角 [J]. 湖北社会科学，2016 (2)：51—57.
[③] 邓万春. 社会动员：能力与方向 [J]. 中国农业大学学报（社会科学版），2007 (1)：65—72.
[④] 左吉祥. 突发自然灾害应对中的社会动员四部曲及其启示 [J]. 安徽行政学院学报，2010 (3)：24—27.

的角度并不一致,主要集中在三个视角:

一是"过程论"视角,认为社会动员是制度模式变化的过程。其中卡尔·多伊奇认为社会动员就是去旧存新的替代过程,即:旧时期的社会、经济、心理与义务由于不太适合新时期的社会发展,不断受到冲击而逐渐失效、瓦解的过程,人们便会在这个过程中获得一个全新的社会化模式和行为模式;[①] 塞缪尔·亨廷顿认为社会动员是"一系列旧的社会、经济、心理信条受到腐蚀,形成新的行为模式的过程";[②] 布莱克认为社会动员是"大批人口从传统的农村住所自然迁居的必然结果,也是人们利用通信手段提升对国家利益、世界认知的必要结果"[③]。塞缪尔·亨廷顿和布莱克都是多伊奇观点支持者,区别在于布莱克侧重于国家层面的社会动员,而亨廷顿更关注社会动员与政治参与之间的联系。艾森斯塔德认为社会动员是现代化过程中对资源进行发动的过程。[④] A·英克尔斯强调社会动员的意义在于在现代化过程中对于社会成员思想方式、心理状态进行动员。[⑤] 莫里斯和缪勒认为社会动员就是说服他人支持社会运动并参与集体行动的过程。[⑥] 国内学者郑永廷援引亨廷顿的观点,认为其是在持续影响下,使客体的价值观、态度、行为发生改变,适应社会的过程;上述界定均是将社会动员看作破旧立新的过程。[⑦] 西方学者从宏观视角分析,将社会动员看作社会变迁的过程,是从传统向现代社会转向的过程,是现代化视野下的产物。

二是"手段论"视角,认为社会动员是引导动员可以参与的一种手段。国内学者吴忠民最早使用社会动员这一概念,认为其是有目的引导动员对象参与重大活动的过程;[⑧] 龙太江认为社会动员是通过宣传、发动、组织让社会成员积极参与重大事件,从而利用社会力量克服困难。[⑨] 甘泉,骆郁廷认为社会动

[①] Karl W. Deutch. Social Mobilization and Political Development [J]. The American Political Science Review. 1961, 55 (3): 494.

[②] [美]塞缪尔·亨廷顿. 变化社会中的政治秩序 [M]. 王冠华,刘为,等译. 上海:上海世纪出版集团,2008.

[③] [美] C. E. 布莱克. 现代化的动力 [M]. 段小光,译. 成都:四川人民出版社,1988.

[④] [以] S. N. 艾森斯塔德著. 现代化:抗拒与变迁 [M]. 陈育国,张旅平,译. 北京:中国人民大学出版社,1988.

[⑤] [美] A·英克尔斯. 人的现代化素质探索 [M]. 曹中德,等译. 天津:天津社会科学院出版社,1995.

[⑥] [美]艾尔东·莫里斯,卡尔·麦克拉吉·缪勒主编,社会运动理论的前沿领域 [M]. 刘能,译. 北京:北京大学出版社,2002.

[⑦] 郑永廷. 论现代社会的社会动员 [J]. 中山大学学报(社会科学版). 2000 (2): 21—27.

[⑧] 吴忠民. 重新发现社会动员 [J]. 理论前沿,2003 (21): 26—27.

[⑨] 龙太江. 社会动员与危机管理 [J]. 华中科技大学学报(社会科学版),2004 (1): 39—41.

员是通过思想的激励、调动，充分发挥社会成员的积极性、创造性，完成社会重大任务的过程；[1] 徐家良认为社会动员是指社会组织配合行政动员、政治动员、资源动员等形式，凭借自治自律的特点，使动员任务得到最佳的处理。[2] 从上述定义可以看出，"手段论"侧重于国家、政党、组织为实现目标而采用某种手段与方式调动社会成员参与，是一种狭义上的阐述，突出价值与运用，认为社会动员是促进国家发展的手段。

三是"目的论"视角，认为社会动员本身是一种目的。詹姆斯、沃马克认为社会动员是为政治权威服务的过程；[3] 克莱姆同样认为社会动员是从属于政治意志的行动；[4] 国内学者林尚立认为社会动员是政党利用其资源，调动社会成员积极性，完成政治任务的过程。[5] 石永义认为社会动员是管理主体为激发管理客体主体决策的积极性而采用的激励、教育、宣传等活动。[6] 从上述定义当中可以看出，社会动员目的是为动员主体争取政治资源，这与政治动员有相似，甚至是交叉的部分。国内学者对于"社会动员"的；理解侧重于动员主体的工具性目的，即将社会动员当作国家发展的手段，最终目的是让动员客体接受动员主体的思想。这种定义的理解并不是西方所认为的现代化变迁的产物。

中西方学者对于社会动员的理解差异较大，周凯对于这种现象进行分析，认为中西方学界对于社会动员理解偏差较大与 "social mobilization" 翻译有关。西方社会将 "social mobilization" 认为是社会变迁或者社会流动。然后对照中国社会动员理论定义与西方大不相同，因此我国更应该根据历史实践去理解社会动员，将社会动员理解为国家治理中的手段。

（二）社会动员的内涵

费爱华总结新形势下以个案的研究形式，针对不同特征的动员客体，采用不同形式的动员方式，主要包括内化动员、情理动员、参与式动员、惩罚动员。[7] 邹奕、杜洋认为社会动员有两个层面的意义，一个是以"社会"为对象

---

[1] 甘泉，骆郁廷. 社会动员的本质探析 [J]. 学术探索，2011（6）：24-28.
[2] 徐家良. 危机动员与中国社会团体的发展 [J]. 中国行政管理，2004（1）：74-78.
[3] [美] 詹姆斯. R. 汤森，布兰特·沃马克. 中国政治 [M]. 顾建，董方，译. 南京：江苏人民出版社，2003.
[4] [美] 哈诺德·J·克莱姆. 经济动员准备 [M]，库桂生，张炳顺译. 北京：北京理工大学出版社，2007.
[5] 林尚立. 当代中国政治形态 [M]. 天津：天津人民出版社，2000.
[6] 石永义. 现代政治学原理 [M]. 北京：中国人民大学出版社，2000.
[7] 费爱华. 新形势下的社会动员模式研究 [J]. 南京社会科学，2009（8）：53-56+68.

的社会动员,一个是以"社会"为主体的社会动员,从价值与规范的视角出发,后者更为合理。① 龙太江将社会动员分为两种方式,即"对社会动员"与"由社会动员",区别在于社会动员是由政府主导还是社会自发;其认为随着共产党执政方针以及政府与社会关系的转变,使"对社会动员"走向"由社会动员"具有可行性与必要性。② 郑永廷认为社会动员就是广义上的社会影响、社会发动,将社会动员分为"传统社会动员"和"现代社会动员"两种类型,传统社会动员就是发动群众投身革命的政治动员。③ 但随着时代的转变,社会动员内容、方式、结果也产生变化形成现代社会动员。张骞文、杨琳认为,科学把握社会动员的理论内涵需要明晰中国动员文化的特殊性、动员环境的复杂性、动员文化的内生性;④ 汪文华认为社会动员有三种内涵形式:一是动员即流动,更多强调的是国家现代化进程中个体以及社会阶层之间的水平流动性和垂直流动性逐渐加强;二是动员即集中,将流动的人力、物力、财力等资源统筹规划使之集中;从动员即流动、动员即集中不难看出流动往往与集中是交织在一起,两者相辅相成、互相影响,通过流动达到集中的效果;三是动员即发动,通过某种具体的手段与方式来激发和影响以及改变动员客体的动机。⑤ 甘泉认为社会动员是从思想动员到组织动员再到资源动员的过程,从四个方面去理解其内涵:一是社会动员是动员主体有组织的社会活动。二是社会动员核心为思想动员。通过有目的的影响,使社会成员态度、行为发生改变,积极参与到动员中来。三是重点组织引导,集中社会资源并发动成员参与。四是社会动员的目的实现一定社会目标,因社会目标本身就是动员的重要前提,所以动员的落脚点实现一定目标。⑥

（三）社会动员与政治动员

由于我国体制影响,在相当长的一段时间内政治动员与社会动员是混用状态。龙太江将社会动员分为"由社会动员"与"对社会动员"。"对社会动员"是由政府主体通过政治化的手段对社会成员进行动员,而"由社会动员"则是

---

① 邹奕,杜洋."社会动员"概念的规范分析 [J]. 天津行政学院学报,2013,15 (5):48-54.
② 龙太江. 从"对社会动员"到"由社会动员"——危机管理中的动员问题 [J]. 政治与法律,2005 (2):17-25.
③ 郑永廷. 论现代社会的社会动员 [J]. 中山大学学报（社会科学版）,2000 (2):21-27.
④ 张骞文,杨琳. 社会动员的理论内涵和实践路径 [J]. 学术论坛,2015,38 (8):47-51.
⑤ 汪卫华. 群众动员与动员式治理——理解中国国家治理风格的新视角 [J]. 上海交通大学学报（哲学社会科学版）,2014,22 (5):42-53.
⑥ 甘泉. 社会动员论 [D]. 武汉大学,2010.

由社会成员自发自主进行的动员活动。① 因此厘清政治动员与社会动员的异同，对于准确地理解和深层次地把握社会动员内涵也是必要的。

首先，概念涵义的不同。由于政治动员与社会动员至今隶属于不同的专业分类。社会动员的内涵详见上述，这里不再赘述。施雪华认为政治动员特定的政治领导团体按照某种价值观，说服社会成员支持和认同，引导他们主动参与实现特定的目标。②

其次，动员要素不同。一是动员主体存在显著性区别，政治动员的主体一般是政府等权力机关，而社会动员的主体较为多元，可以是政府、社会组织等；二是动员方式差异较大，政治动员具有明显的政治色彩，采用的动员方式是说服、利益诱导等较为强硬的手段，社会动员更加注重社会成员主体自身的利益去调动资源和力量，因此动员主客体之间关系较为平等，手段方式也较为温和，一般采用宣传、组织引导。

最后，动员的价值不同。政治动员的价值取向是完成特定的政治目标或任务，龙太江认为其主要作用表现在三个方面：一是有效的政治动员是中国共产党的重要法宝也是党领导人民走向革命胜利和发展现代化国家的重要经验；二是改革开放之前，国家对于重要资源具有垄断地位，社会自主动员发育不成熟；三是传统计划经济时代政府是全能主义，政府可以动用一切资源、一切手段应对危机，并且在短期内能够取得较好的效果。③ 社会动员的价值取向在于社会成员集中资源完成公共目标。在危机管理中社会动员功能包括：一是具有更高的敏感度，能够在政府没有采取行动之前提前知晓；二是社会动员能够充当政府与普通民众之间的沟通桥梁，促使民众与政府行动一致；三是社会动员能够集中更大的资源，单一政府在短时间内无论是资源的数量还是质量都没有办法应对重大挑战，社会动员可以弥补政治动员的缺失；四是社会动员还可以起到监督的作用，在重大危机面前，政府的每项决策也未必就完美，社会动员可以有效地进行监督，充分关注、参与动员中，及时解决困难。

诚如上述所言，社会动员与政治动员有多方面的区别，当然也不能否定他们之间的密切关系。在革命时期的大规模运动中，社会动员就是政治动员，为了吸引更多的民众参与革命事业，唤醒民众的民族精神。而现阶段，社会动员

---

① 龙太江. 从"对社会动员"到"由社会动员"——危机管理中的动员问题［J］. 政治与法律，2005（2）.
② 施雪华. 政治科学原理［M］. 广州：中山大学出版社，2001.
③ 龙太江. 从"对社会动员"到"由社会动员"——危机管理中的动员问题［J］. 政治与法律，2005（2）：17-25.

伴随着社会主义现代化进程，并且在此过程中社会动员与政治动员是相互配合，例如汶川大地震、玉树地震等重大公共危机事件发生时，国家统一决断，并在最短的时间内进行资源的汇集，组织各方力量去战胜灾难，同时社会自发进行的社会动员在政府动员的配合下发挥巨大的作用。

三、社会动员的要素与特征

（一）社会动员的要素

关于社会动员的要素，学者之间存在一定差异，但总的来说学界一般认为社会动员是由四个部分组成，即动员主体、动员客体、动员方式、动员载体。蔡志强指出社会动员的要素包括动员主体、动员对象、动员内容三个方面，并认为动员内容的不同主要取决于动员时间、条件、背景等；[①] 郭维平、左军认为现代社会动员的基本要素发生变迁在于国家与社会关系的重构，动员主体从单一向多元化转变，动员方式由组织化向半社会化过渡，动员轴心转向大众利益与国家利益的整合；[②] 甘泉认为社会动员包括动员主体、动员客体、动员载体以及动员环境四个方面；[③] 唐贤兴认为社会动员要素包括：启动者、参与者、投入、产出等。[④] 夏少琼总结我国建国之后社会动员要素发生的变化：第一，前提从"总体性社会"向"后总体社会"转变；第二，性质由组织化向组织化与社会化并行发展；第三，主体由单一政府向政府主导、社会力量为辅发展；第四，动员对象从一元向多元发展；第五，动员轴心从爱国主义、政治压力向国家利益与个人利益方向发展。[⑤] 她认为社会动员要素的变化反映出国家与社会关系的变化。

（二）社会动员的特征

吴忠民认为社会动员特征是广泛的参与性、一定的兴奋性、目的性和秩序性，并且认为四个特征必须同时存在，否则社会动员便不可能成立。[⑥] 他在

[①] 蔡志强. 社会动员论——基于治理现代化的视角 [M]. 南京：江苏人民出版社，2013.
[②] 郭维平，左军. 中国共产党的社会动员模式研究 [J]. 扬州大学学报（人文社会科学版），2011，15（1）：15—19.
[③] 甘泉. 社会动员论 [D]. 武汉大学，2010.
[④] 唐贤兴. 运动式治理存在着弥补政府动员能力不足的可能性 [J]. 学术界，2009（4）：295.
[⑤] 夏少琼. 建国以来社会动员制度的变迁 [J]. 唯实，2006（2）：12—14.
[⑥] 吴忠民. 社会动员与发展 [J]. 浙江学刊，1992（2）：16—19+33.

《重新发现社会动员》[①]中指出，与以往的社会动员相比，现阶段社会动员只有以人民的利益为出发点，动员才能形成；以现代化建设为任务，动员才有意义；保持理性才能动员成功。除此之外，郭维平、左军认为社会动员还具有显著的群众运动性和行政性两种特征。[②] 张骞文、杨琳认为社会动员具有嬗变性、目的性、适度性、参与性四方面的特征形式。[③] 石奎通过梳理英美法日等社会动员现代化国家，总结其特征：动员程序法治化、动员主体多元化、多元方式民主化、动员方式新媒体化。[④] 甘泉、骆郁廷认为社会动员作为思想发动群众的重要活动，具有目的性、参与性、协同性、反复性等特征。[⑤]

四、社会动员的形式与模式

关于社会动员的方式与模式的研究，学界研究的领域与视角有较大的差异。哈诺德·J·克莱姆认为社会动员是符合政治意志的行动，通常是指军事动员、工业动员、联盟动员、民防动员等。[⑥]

以时间发展为界限，王学俭提出传统社会动员和现代社会动员形式。革命时期，帮助人民提高革命积极性的方式为传统动员，通常指的是组织动员、层层动员、领导动员，其本质是一种政治动员形式；现代动员主要有传媒动员、参与式动员等；郑永廷也持有上述观点；从资源配置方式角度出发，孙立平、晋军将社会动员划分为组织化动员和准组织化动员。[⑦] 郭伟平认为从传统社会动员转变成现代社会动员，其动员方式也从组织化动员向自发动员转变，组织化动员强调作为一种手段去实现国家发展，自发动员强调的是社会动员是国家发展的产物。[⑧] 薛亚利从历史实践角度总结社会动员形式经历了从政治动员到物质动员，再到主体动员的转变。并认为三种动员方式应该有机结合才能有效

---

① 吴忠民. 重新发现社会动员[J]. 理论前沿，2003（21）：26－27.
② 郭维平，左军. 中国共产党的社会动员模式研究[J]. 扬州大学学报（人文社会科学版），2011，15（1）：15－19.
③ 张骞文，杨琳. 社会动员的理论内涵和实践路径[J]. 学术论坛，2015，38（8）：47－51.
④ 石奎. 治理现代化语境中的社会动员[J]. 国家治理，2015（31）：28－34.
⑤ 甘泉，骆郁廷. 社会动员的本质探析[J]. 学术探索，2011（6）：24－28.
⑥ [美]哈诺德·J·克莱姆. 经济动员准备[M]. 库桂生，等译. 北京：北京理工大学出版社，2007.
⑦ 孙立平，晋军，向红穗，毕向阳，等. 动员与参与：第三部门募捐机制个案研究[M]. 杭州：浙江人民出版社，1999.
⑧ 郭维平，左军. 中国共产党的社会动员模式研究[J]. 扬州大学学报（人文社会科学版），2011，15（1）：15－19.

推动社会发展。① 刘一臬认为我国在改革开放之前主要采用群众动员的形式，并且由于国家具有"全能"特点，在后来的发展中会不自觉通过惯性表现出来；以性质和内容为标准。甘泉认为社会动员包括政治动员、经济动员、文化动员、经济动员等类型。② 从实施向度上，龙太江将社会动员分为"对社会动员"和"由社会动员"两种，区别在于前者更侧重于政治动员特征，后者更倾向于社会自主动员，并且他还分析"对社会动员"向"由社会动员"让渡的可行性与必要性问题。③ 吴开松则把社会动员分为体制内和体制外，他提出体制内社会动员和体制外社会动员，所谓体制内的动员是依靠政府进行自上而下的政治动员；反之体制外的动员便是依靠非政府力量进行社会动员过程。④ 从动员的范围与规模上来看，黄立丰将社会动员划分为国家性社会动员、区域性社会动员和系统性社会动员以及行业性社会动员四个方面。⑤

在社会动员的目的任务上划分，陈玉生将社会动员划分为暴风骤雨式的革命型社会动员与稳中求进的改良型社会动员。⑥ 以社会运作的方式不同，马明杰将社会动员划分为组织化动员以及经营式动员。⑦

刘朝晖分别从利益、主体、场域、认知、效力、技术六个维度去探讨社会动员的类型。利益维度上划分为精神动员、物质动员；主体维度上划分为组织动员、自发动员；场域维度上划分为参与动员、竞争动员；认知维度上划分为内化动员、惩罚动员；效力维度上划分为合理、合法动员；技术维度上分为智能化、网格化动员。⑧

从动员的手段上划分，费爱华将社会动员分为参与式动员、情理式动员、内化式动员、惩罚式动员。其认为针对不同动员客体，应进行不同的动员模式选择。对于大部分市民，通过开放主流空间和建构异质空间，进行参与式动员；对于影响动员进程中的群体，采取情理式动员方式；针对动员客体中的积

---

① 薛亚利. 社会动员的变迁及内在机制——以公益献血的动员研究为例 [J]. 社会科学, 2011 (7): 86-95.
② 甘泉. 社会动员论 [D]. 武汉大学, 2010.
③ 龙太江. 从"对社会动员"到"由社会动员"——危机管理中的动员问题 [J]. 政治与法律, 2005 (2): 17-25.
④ 吴开松. 当代中国危机动员研究 [D]. 华中师范大学, 2006.
⑤ 黄立丰. 近二十年来社会动员问题研究的回顾与思考 [J]. 中共宁波市委党校学报, 2013, 35 (2): 38-45.
⑥ 陈玉生. 新农村建设中的社会动员 [J]. 甘肃理论学刊, 2006 (3): 49-53.
⑦ 马明杰. 权力经营与经营式动员, 清华社会学评论（特辑）[M]. 厦门: 鹭江出版社, 2000.
⑧ 刘朝晖. 社会动员在重大疫情应对中的功能定位及优化路径 [J]. 南京工程学院学报（社会科学版), 2020, 20 (1): 1-5.

极分子，可进行内化式动员，使其成为动员客体中的表率；对于违反动员规范的动员主体、客体，采用惩罚式动员。①

总体来看，我国经历了社会转型期，社会结构发生了巨大的变化。显而易见的是社会结构的变化使得我国动员模式逐渐转向于国家主导、社会普遍参与，并且在动员过程中社会力量承担的角色越来越重要，作用也日益凸显。未来这种参与式社会动员依然是学术界广泛讨论的话题。

五、社会动员的功能与价值分析

社会动员的功能与价值在中国特色社会主义建设中越来越凸显，对于社会动员价值的研究也一直是热点。当前学者对于社会动员的功能与价值分析研究视角大体可以分为"国家治理现代化视角"以及"公共危机视角"。

吴忠民认为作为后发展国家社会动员价值在于形成发展凝聚力，解决现阶段存在的问题，促进民众整体素质的提升与更新，提升政党的信誉。② 骆郁廷、甘泉认为社会动员具有一定的实践价值与时代价值，在新时代这一社会大背景下是离不开社会动员的。③ 其实践价值表现在社会上的实践活动大多需要以广泛的社会动员为基础和手段，通过积极社会动员来统一思想、协调行动、整合资源、推动发展；时代价值体现在新时期中国特色社会主义建设伟大实践更需要社会动员，为实现两个一百年的奋斗目标注入源头活水。孙秀艳也很赞同此观点，认为社会动员在中国现代化建设过程中具有重要的价值。通过社会动员，可以最大化地使社会成员对某个重要问题取得共识，达成共同的认知，从而减少离心因素，使社会成员获得行之有效的合作，充分释放社会潜能，形成社会发展巨大推力。④ 郭维平、左军总结中国共产党社会动员的价值体现在三个方面：第一是激发民众积极性；第二是实现资源的合理配置；第三是提升党的执政能力。⑤ 刘朝晖认为重大的灾害面前，社会动员具有三方面的功能，

---

① 费爱华. 新形势下的社会动员模式研究 [J]. 南京社会科学，2009 (8)：53-56+68.
② 吴忠民. 重新发现社会动员 [J]. 理论前沿，2003 (21)：26-27.
③ 骆郁廷，甘泉. 论社会动员的实践价值 [J]. 江汉论坛，2010 (10)：123-126.
④ 孙秀艳. 论社会主义核心价值体系的社会认同与社会动员 [J]. 福建师范大学学报（哲学社会科学版），2008 (1)：13-17.
⑤ 郭维平，左军. 中国共产党的社会动员模式研究 [J]. 扬州大学学报（人文社会科学版），2011，15 (1)：15-19.

即通过广泛的动员统一思想、协调行动、整合资源。① 贺治方从国家治理视角出发探讨社会动员积极功能及其适度性，认为社会动员在集聚资源、凝聚共识、促进整合、应对公共危机中发挥重要作用。②

吴开松从公共危机管理中探讨社会动员意义，认为有效的社会动员可以集中力量和资源，减轻民众心理上的压力、恐慌。③ 孙晓晖、刘同舫认为在公共危机治理中社会动员能够快速资源聚集、参与式动员促进整合、凝聚共识。④

综上分析，学者无论是采用何种研究视角，对于社会动员价值分析都有相近之处，都强调社会动员的五点价值：一是思想统一，形成凝聚力；二是资源集结；三是协调行动，形成合力；四是动员主客体增能；五是发挥社会潜力，解决社会问题。

六、社会动员的适度性与实现路径

（一）社会动员的适度性

关于社会动员的适度性问题，柳建文认为社会动员的不当是造成现代化进程中不稳定因素，保持社会动员的适度有利于保持稳定、推进现代化进程。⑤ 学界对于社会动员的适度性一般从社会动员过度和社会动员不足两个方面进行分析，在此基础上提出社会动员适度性策略。

社会动员过度主要有两种表现形式：一种是动员频率过高，是社会动员成为常态化的工作方式；另一种是假象型社会动员，动员目标与民众目标相背离，通过权威手段促使民众参与，缺乏实际的参与度与热情；过多社会动员与政府缺乏行之有效的控制、媒体缺乏责任、民众盲从有较大的关联。社会动员不足同样是两种常见表现形式：一种是动员的广度不足，致使参与动员活动的人数较少；一种是参与的深度不够，动员人数达到预期但是实际真正参与事务的人员不足；造成社会动员不足现象与社会动员手段、力度不平衡以及政府的不合理引导有密切相关。

---

① 刘朝晖. 社会动员在重大疫情应对中的功能定位及优化路径 [J]. 南京工程学院学报（社会科学版），2020，20（1）：1—5.
② 贺治方. 国家治理现代化进程中社会动员研究 [D]. 中共中央党校，2019.
③ 吴开松. 危机管理中的社会动员研究 [J]. 兰州学刊，2009（1）：152—155.
④ 孙晓晖，刘同舫. 公共危机治理中社会动员的功能边界和优化策略 [J]. 武汉大学学报（哲学社会科学版），2020，73（3）：23—32.
⑤ 柳建文. 现代化进程中的适度社会动员——发展中国家实现社会稳定的重要条件 [J]. 社会科学学，2005（1）：73—78.

蒋满元认为工业化、城市化进程中带来的经济增长、传媒扩展、社会流动等原因导致实践中动员过度；社会动员不足是出于动员主体控制不足，动员手段的力度不足等原因。[①] 社会动员不足会使国家错失发展机遇，导致发展失败。

周凯认为频繁使用传统的社会动员会产生负面功能，从法治角度，扰乱法治秩序、削弱法律权威；从行政管理角度，违背社会运行的内在规律；从动员客体角度，造成严重资源浪费和效率问题；从社会个体而言，社会成员的积极性、主动性、创造性都会不断下降。[②]

贺治方认为过度动员也会破坏正常秩序、侵害公民权利、破坏民主法治、成为攻击国家的工具，因此社会动员必须在国家治理中划定合理边界。[③]

孙晓晖、刘同舫认为动员过度容易造成公共危机治理应激过度，动员不足会削减公共危机治理效能，需要加强社会动员规范化建设为公共危机治理提供合理尺度。[④]

刘成良认为过度的行政动员会阻碍基层民主和自治的发育空间，是行政和社会动员发展不均衡，呼吁政府进退有度，消解自治空间。[⑤]

龙太江认为危机治理过程中过度依靠政治动员、行政动员不仅会对其造成依赖，还会造成非政府组织的缺失和信息沟通机制的不完善。[⑥]

吴忠民总结出了五类畸形社会动员：第一，情绪化的社会动员；第二，假象性的社会动员；第三，不利于提高劳动生产率的社会动员；第四，牺牲个人和群体合理利益的社会动员；第五，过度组织化的社会动员；并认为只有防止社会动员的不适倾向，社会动员才能起到积极有效的作用。[⑦]

陈华认为改革开放之前我国缺乏相应法治建设，制度不健全，社会动员呈现出主观性、随意性、扩大性等特点，存在三个方面的危害：一是不尊重公民个人的意愿，侵犯了个人的合法利益；二是过度情绪化的社会动员对社会秩

---

① 蒋满元. 社会动员的适度性问题探析 [J]. 中共山西省委党校学报, 2007 (6): 32-34.
② 周凯. 社会动员与国家治理：基于国家能力的视角 [J]. 湖北社会科学, 2016 (2): 51-57.
③ 贺治方. 国家治理现代化视域下社会动员转型研究 [J]. 湖湘论坛, 2018, 31 (5): 108-116.
④ 孙晓晖, 刘同舫. 公共危机治理中社会动员的功能边界和优化策略 [J]. 武汉大学学报 (哲学社会科学版), 2020, 73 (3): 23-32.
⑤ 刘成良. 行政动员与社会动员：基层社会治理的双层动员结构——基于南京市社区治理创新的实证研究 [J]. 南京农业大学学报 (社会科学版), 2016, 16 (3): 137-145+160.
⑥ 龙太江. 社会动员与危机管理 [J]. 华中科技大学学报 (社会科学版), 2004 (1): 39-41.
⑦ 吴忠民. 社会动员与发展 [J]. 浙江学刊, 1992 (2): 16-19+33.

序、社会稳定带来挑战；三是过度的社会动员导致政府的动员能力的弱化。[①]

针对社会动员"度"的把握需要并探索出行之有效的方法，一方面防止动员过度或者动员不足导致有效性不足，另一方面也需要对社会动员进行合理的引导与规范。目前学界对于社会动员适度性的衡量参照多借助"多伊奇标准"以及"艾森斯塔模式"，但是地域、社会环境、动员形式等因素不同，致使这些标准对于我国及其他后发展国家是否适用也存在一定质疑。因此，未来学者就国家实际情况发展针对性的社会动员衡量标准是一个热点。

（二）社会动员的实现路径与机制

随着国家现代化发展不断推进，社会动员这一手段需要演进与现代化进程相适应，形成与治理能力、治理体系相适应的社会动员实现路径与机制。

关于从构建现代化社会动员路径与机制，贺治方认为应该从加强社会动员主体能力建设、规范动员手段、高度重视网络动员能力的提升[②]。甘泉、骆郁廷认为社会动员是要以思想动员为核心，遵循社会动员从自发到自觉、从思想到行动、从个体到群体、从领袖到群众、从经济到政治的正确路径，才能加强社会动员有效性。[③] 同时，张骞文、杨琳也提出新时期中国特色社会主义这一大的社会背景下实现社会动员的路径：变革动员理念、转变动员模式、创新动员方式、强化动员教育。[④] 石奎则从提高法定性、政府隐性化或社会前台化、模式从自上而下到上下结合、用好新媒体工具四个方面实现社会动员。[⑤] 王功名分析社会成员政治参与的障碍，认为扫清政治参与障碍，形成高水平的社会动员，才能实现真正的社会动员。[⑥] 陈华认为构建现代化社会动员机制，需要对社会动员主体、内容、方式上进行调整，形成与现代化治理体系相适应的社会动员机制。一是加强社会动员主体的能力建设，既要强调政府的社会动员能力提升，又要强调社会组织的能力提升；二是规范社会动员手段，现代化社会动员必须坚持适度原则，将社会动员放在法治背景下去运行，保障公民的合法权益；三是高度重视网络社会动员的能力提升，针对当前存在的网络问题，网络社会动员能力建设迫在眉睫。[⑦]

---

① 陈华. 互联网社会动员的初步研究［D］. 中共中央党校社会，2011.
② 贺治方. 国家治理现代化进程中社会动员研究［D］. 中共中央党校，2019.
③ 甘泉，骆郁廷. 论社会动员的实现路径［J］. 江淮论坛，2014（4）：136—140.
④ 张骞文，杨琳. 社会动员的理论内涵和实践路径［J］. 学术论坛，2015，38（8）：47—51.
⑤ 石奎. 治理现代化语境中的社会动员［J］. 国家治理，2015（31）：28—34.
⑥ 王功名. 浅谈社会动员中的政治参与［J］. 东方企业文化，2010（12）：117.
⑦ 陈华. 互联网社会动员的初步研究［D］. 中共中央党校，2011.

以公共危机为指引，温志强、崔钰琳分析社会动员的优化路径：坚持党的领导、树立动员法理权威、建立多元主体动员机制、重视动员频次、尊重公民意愿。[①] 孙晓晖、刘同舫[②]则提出四点优化路径：合理动员，坚持适度原则；依法动员，提高动员法治化水平；科学动员，提高科学动员能力；高效动员，提升社会参与度。郝晓宁、薄涛提出社会动员应走制度化建设，即完善法规、建设非政府组织协同机制、畅通沟通机制、加大人才储备。[③]

以纵向历史脉络为基础，杨小明通过比较与西方国家政治动员的区别，有针对性地提出我国社会动员实现路径。[④] 第一，加强政治动员法治化建设；第二，民主化建设；第三，加强党与基层组织的整合；第四，对社会各阶层有针对性的政治动员。甘泉通过分析中国共产党社会动员的基本经验，提出了：聚焦革命和建设的战略全局；高度重视思想政治教育，把思想动员放在首位；充分依靠各级机构，开展有计划有组织的社会动员；始终坚持利益引导，紧扣利益进行社会动员；创新运用各种载体，采取多种方式开展社会动员等路径。[⑤]

七、研究动态述评

国外社会动员研究主要基于国家—社会视角，经历了理论建构到应用分析的自然过渡，逐渐呈现出微观、碎片化的研究趋势，近年来相关研究更侧重政治抗争和族群运动等领域中集体行动的微观情境考察，相对忽视了社会动员推动经济社会发展的宏观功能，就理论观点层面而言，社会动员已经逐渐演化为重"动员"而轻"社会"的微观行动理论。

国内社会动员的微观研究与国外类似，草根动员理论（应星，2007）的提出建构起区别于国外精英动员和底层动员的第三种集体行动分析视角，聚焦于社会群体和个体抗争行动的动员研究不断涌现。在宏观层面，国内研究却始终沿袭了自身的价值导向，紧扣社会动员的内涵，针对现阶段社会动员的功能、目标和机制转换等层面的讨论日益丰富。

---

① 温志强，崔钰琳. 摸清短板 优化社会动员机制 [J]. 中国应急管理，2020（2）：40-43.
② 孙晓晖，刘同舫. 公共危机治理中社会动员的功能边界和优化策略 [J]. 武汉大学学报（哲学社会科学版），2020，73（3）：23-32.
③ 郝晓宁，薄涛. 突发事件应急社会动员机制研究 [J]. 中国行政管理，2010（7）：62-66.
④ 杨小明. 论有中国特色的政治动员 [J]. 浙江社会科学，2014（6）：46-52+156.
⑤ 甘泉. 略论中国共产党社会动员的基本经验 [J]. 江汉论坛，2013（10）：90-93.

总的来说，国内外在农村建设语境下的社会动员研究仍较为缺乏，已有少量研究或注重宏观机制的经验探讨，或侧重农村基层动员和农民生活抗争等集体行动的微观过程，并未有效形成系统性讨论，没有将主体约束充分纳入分析考量中，凸显了研究的不足。

第三章　理论基础

目前国内外研究居民参与的理论视角主要包括治理理论和理性选择理论等。结合研究主旨，我们认为，居民参与始终紧扣社会/社区治理，受到居民个体的认知因素影响，并与居民社会资本相互制约和相互依存，是基于个体的理性选择而产生的社会行动。有鉴于此，本书从治理理论、认知行为理论、社会资本理论和理性选择理论四个方面构建四川乡村振兴进程中居民参与激励机制构建研究的理论基础。

第一节　治理理论

一、理论概述

根据《高级汉语大词典》的解释，"治理"包含两种含义：一是整治调理，二是整修、改造。英语中的治理（Governance）一词源于拉丁文和古希腊语，原意是控制、引导和操纵。近百年来，随着西方国家的管理危机频发，国家与市场的调节失效引发全球范围对于公共行政与公共管理的改革，探寻多元治理主体共同参与的可能开始流行起来，作为理论的治理始于1989年，世界银行提出"治理危机"（Crisis in Governance）用于概括当时非洲的情形，从此治理的新内涵得以广泛讨论。

而今治理理论已被视为较为成熟的理论范式并被广泛地用于公共事务行政之中，西方学者詹姆斯·罗西瑙（James N. Rosenau）、格里·斯托克（Gerry Stoker）、罗伯特·罗茨（R. Rhodes）、让·比埃尔·戈丹以及国内学者俞可平、夏建中等都对其理论发展做出了重要贡献。一众学者对此的定义各有侧重，但总的来说仍然可见其中一致性的共同取向，尤其可见于全球治理委员会在阐释治理定义时权威性和代表性的概述："公共的或私人的个人和机构管理其共同事务的诸多方式的总和。它是使相互冲突或不同的利益得以调和并且采取联合行动的持续的过程；既包括有权迫使人们服从的正式制度安排和规则，也包括各种人们同意或以为符合其利益的非正式的制度安排。"① 从其定义不难看出他们所侧重的治理涵义的四个特征：①既有公共部门的参与，也有私人部门的参与；②治理过程的基础是调和不同利益群体而非控制；③持续的动态过程；④治理体系包括正式的制度和非正式的协商。

治理理论的创始人之一，华盛顿大学政治学教授罗西瑙在其著作《没有政府的治理》中，将治理定义为"一系列活动领域里的管理机制，它们虽未得到正式授权，却能有效地发挥作用。与统治不同，治理指的是一种由共同的目标支持的活动，这些管理活动的主体未必是政府，也无须依靠国家的强制力量来实现"②。在强调主体的非正式性的同时，罗西瑙强调治理作为管理机制、规则体系实现其协作的目标与功能。同样注重治理作为管理的效用层面上的还有俞可平教授，他将治理引入秩序与公众需要层面，认为治理关注的是"在一个限定领域内维持社会只需所需要的政治权威的作用和对行政权力的运用"。③

同样在政治管理过程中被广泛运用的还有"统治"（Government）一词，在对治理进行阐释时首先需完成对于这两者的区分，正如让·比埃尔·戈丹所说，"治理从头起便须区别于传统的政府统治概念"。④ 俞可平教授提出治理与统治两个最基础的区别，首先是主体的不同，统治的权威来自政府，而"治理是一个比政府更宽泛的概念"，治理的主体是多元化的，可以是公共机构或私人机构，还可以从两者的合作中产生。其次是权力运行的向度，与发号施令、自上而下的统治权力运行方向不同的是，治理是一个通过上下互动、合作协商、伙伴关系等方式来实现对公共事务的管理过程。

在为弥补和克服治理失效的理论发展过程中不少学者和国际组织随之提出了"善治"（Good Governance），所谓善治，俞可平认为就是"公共利益最大化的公共管理过程"⑤，其基本要素包括"合法性、法治、透明性、责任性、回应性、有效性、参与、稳定、廉洁、公正"⑥。治理作为政治国家与市民关

---

① 全球治理委员会. 我们的全球伙伴关系 [R]. 上海：牛津大学出版社，1995.
② [美] 罗西瑙. 没有政府的治理 [M]. 张胜辉，刘小林，等译. 南昌：江西人民出版社，2001.
③ 俞可平. 治理和善治引论 [J]. 马克思主义与现实，1999（5）：40.
④ [法] 让·彼埃尔·戈丹，陈思. 现代的治理，昨天和今天：借重法国政府政策得以明确的几点认识 [J]. 国际社会科学杂志（中文版）1999（1）：49-58.
⑤ 俞可平. 治理和善治引论 [J]. 马克思主义与现实，1999（5）：39.
⑥ 俞可平. 全球化：全球治理 [M]. 北京：社会科学文献出版社，2003.

系的一种新颖关系，可以称为善治的一种最佳状态。

可以说，以统治模式为特征的全能型政府大包大揽，而以治理模式为特征的服务性政府不再对社会公共事务管理具备垄断性和强制性，治理是对统治概念的扬弃与深化，治理意味着"统治的含义有了变化，意味着一种新的统治过程，意味着统治的条件已经不同于以前，或是以新的方式统治社会"①。

二、主要观点

（一）治理的主体参与

被广泛认同的是治理过程对多主体涉及的肯定，比起传统政治管理模式来说，治理对公民的地位给予了更多的重视。治理理论中所强调的自上而上的公民参与，正如夏建中教授认为，"鼓励公民以个体或集体的形式广泛地参与公共行政，从而使公共行政更能响应公众的呼声"。② 在以公民积极参与和公民自治能力为主导的治理模式越来越成为主流并冲击着国家与社会的关系的今天，治理的基础是公民社会。

全球化治理意味着各国政府在公共管理层面上职能的转换，或者说政府的部分职能"正在由非源自政府的行为所承担"③。在这个观点上斯托克认为，"治理意味着在社会和经济问题寻求解决方案的过程中，存在着界线和责任方面的模糊性"④。这表明，在现代社会，国家正在把原先由它独自承担的责任转移给公民社会，即各种私人部门和公民自愿性团体，后者正在承担着原先由国家承担的责任。而"治理意味着办好事情的能力并不仅限于政府的权力，不限于政府的发号施令或运用权威"⑤。也就是说，在公共事务的管理中，还存在着其他的管理方法和技术，政府有责任使用这些新的方法和技术来更好地对公共事务进行控制和引导。

罗茨对治理作出的进一步阐释，认为治理作为一种规则体系时更依赖于作为多数人的主体的接受与同意，也就是说，相较传统政府即使出台受到普遍反

---

① 俞可平. 治理和善治引论 [J]. 马克思主义与现实，1999 (5)：37.
② 夏建中. 治理理论的特点与社区治理研究 [J]. 黑龙江社会科学，2001 (2)：127.
③ 严强. 公共政策学基础 [M]. 北京：高等教育出版社，2016.
④ [英] 格里·斯托克. 作为理论的治理：五个论点 [J]. 国际社会科学杂志（中文版），1999 (1)：21.
⑤ [英] 格里·斯托克. 作为理论的治理：五个论点 [J]. 国际社会科学杂志（中文版），1999 (1)：23.

对的政策仍然能付诸实现来说,治理只有在被普遍认可时才会生效。[①] 斯托克的观点认为,"治理意味着一系列来自政府,但又不限于政府的社会公共机构和行为者",它对传统的政府权威提出挑战,它认为政府并不是唯一权力中心。各种公共的和私人的机构只要其行使的权力得到公众的认可,就都可能成为在各个共同层面上的权力中心。[②]

(二)治理的不同场域

从上述对治理概念的阐释与辨析可知,"治理是一种比统治更宽泛的现象,它是由共同目标支持的活动,目标本身可能来自法律的和各项正式规定的责任,但也可能并非如此,而且无须依靠警察的力量迫使人们服从"。[③] 俞可平认为治理理论中涵盖着权力依赖,"治理明确肯定了在涉及集体行为的各个社会公共机构之间存在着权力依赖"。[④] 所谓权力依赖,即指致力于集体行动的组织必须依靠其他组织,为达到目的,各个组织必须交换资源、谈判共同的目标,交换的结果不仅取决于各参与者的资源,而且也取决于游戏规则以及进行交换的环境。

既然如此,作为理论的治理可以在不同场域中指导管理过程,罗茨罗列了治理的六种不同用法:①作为最小国家的治理是通过削减国家开支,缩小政府的规模以获得更大的效益。②作为公司的治理是一种指导和控制组织的体制机制。③作为新公共管理的治理,是在公共部门中引入私人部门的管理手段,在公共服务中引入激励机制。④作为善治的治理强调合法、透明、效率、监督的公共管理体系。⑤作为社会——控制论系统的治理,强调治理将合作和互动引入公共部门与私人部门。⑥作为自组织网络的治理,指自我管理网络的建立。[⑤]

(三)治理的自组织特性

鲍勃·杰索普(B. Jessop)深入讨论了治理的自组织性,认为"治理兴起的部分原因在于政治经济状况发生了长期性的变化,使得自组织在进行经

---

① [美]罗西瑙. 没有政府的治理[M]. 张胜军,刘小林,等译. 南昌:江西人民出版社,2001.
② [英]格里·斯托克. 作为理论的治理:五个论点[J]. 国际社会科学杂志(中文版),1999(1):27.
③ [美]保罗. C. 纳特,罗伯特. W. 巴可夫. 公共和第三部门组织的战略管理[M]. 陈振明,译. 北京:中国人民大学出版社,2001.
④ 俞可平. 治理和善治引论[J]. 马克思主义与现实,1999(5):38.
⑤ 罗茨. 新的治理[J]. 马克思主义与现实,1999(5):42-48.

济、政治和社会的协调方面发挥的作用超过市场或等级制"①。他认为，自组织治理的兴起与等级制的协调日益丧失其优越性有关，同人们试图从外部"控制"系统所引发的诸多问题有关，而复杂系统在动荡环境中是具有自动调节功能的。同时他也从系统论角度对自组织做了三种形式的划分：①人际关系网的结成；②组织间关系的自组织，这种自组织以有着明确目标和任务的组织之间的谈判和正面协调为基础，而且又以组织间的共同利益和具有达到互利的独立资源为基础；③具有纲领性或负有明确使命的组织在若干系统之间的调控。如此，人际的信任可以促进组织间的谈判顺利进行；组织间的对话可促进系统之间的交流。②

俞可平认为的治理的自组织性是指"治理意味着参与者最终形成一个自主的网络"③，这一自主的网络在某个特定的领域中拥有发号施令的权威，它与政府在特定的领域中进行合作，分担政府的行政责任。

第二节　社会资本理论

社会资本理论可以追溯到 20 世纪 70 年代，主要用于解释经济增长和社会发展。不同的学者从其学科范畴与研究范式出发，对社会资本概念作出了不同的界定，这使得社会资本理论在不同的领域和应用中有着广泛的适用性。并逐渐成为社会学阐释和研究个体行动与社会结构的主要理论。

一、社会资本的概念

社会资本这一概念的界定源于经济学范畴下对资本的性质的论述，在社会关系的视角下这一理念外延拓展到社会学的研究范围之内。当代的社会资本概念，渊源于这样一种思想："非经济的社会关系对人们获取价值效益有着直接的影响"（周红云，2004）。④ 根据帕特南的研究，社会资本概念最早可以追溯

---

① ［英］鲍勃·杰索普. 漆燕. 治理的兴起及其失败的风险：以经济发展为例 ［J］. 国际社会科学杂志（中文版），2019，36（3）：56.
② ［英］鲍勃·杰索普. 漆燕. 治理的兴起及其失败的风险：以经济发展为例 ［J］. 国际社会科学杂志（中文版），2019，36（3）：52—67.
③ 俞可平. 治理和善治引论 ［J］. 马克思主义与现实，1999（1057）：38.
④ 周红云. 村级治理中的社会资本因素分析 ［D］，清华大学，2004.

59

到1916年，社区改革倡导者利达·汉尼范在名为《乡村学校社区中心》的文章中，第一次使用了"社会资本"概念，阐述了社区参与和社会纽带的重要性："社会资本……即组成社会单元的群体和家庭中的善意、伙伴关系、相互同情和社会交往……这些社会资本可以直接满足他个人的需要，并且可以具有社会潜力，足以使整个社区的生活状况得到实质性提高。"[1]

将这理论首次详细阐述的学者布迪厄对社会资本的论述始于对作为解释资本这种强制性因素如何作用于社会结构及其运行，他将资本类型划分为物质类型的经济资本与非物质类型的文化资本、社会资本。[2] 在《文化资本与社会炼金术：布尔迪厄访谈录》一书中，他对社会资本理论做出具体的界定，将社会关系网络引入对社会资本的定义之中，"社会资本是实际的或潜在的资源集合体，是同对某种持久性的网络的占有密不可分的"[3]，行动者拥有的社会资本的大小取决于其自身所处社会关系网络所占有资本规模之和并加以合理运用。不仅如此，资本的交换性使得社会资本获得体制化的保障，从而使行动者自身已获取的资本产生增值效应，"这一网络是大家共同熟悉的、得到公认的，并且是一种体制化关系的网络。……它从集体性拥有的资本的角度为每个成员提供支持，提供为他们赢得声望的'凭证'"。

布迪厄将社会资本纳入社会学的研究范畴后，后续学者也充分丰富了这一理论的内涵层次与适用范畴，不仅有将社会结构功能引进社会资本概念范畴的科尔曼，还有丰富这一理论以政治文化学视角的帕特南等人。

科尔曼在《美国社会学杂志》上发表文章《人力资本创造中的社会资本》，较为系统地说明了社会资本理论，后在其所著《社会理论的基础》一书中运用大量实证案例，将社会资本概念置于社会结构功能视角之下，对社会资本功能性的界定"无须具体阐述相应的社会结构"[4]，因而架起了微观社会学与宏观社会学的桥梁，实现了微观个人动机到宏观社会结构的过渡。也有学者认为，就结构视角而言，科尔曼将个人所拥有的资本放置于社会公共结构资产之中，从而凸显了社会资本的社会结构因素，就功能视角而言，科尔曼关注嵌入在社会结构中的行动者是受惠于社会结构的个人性结果因而赋予其隐现的个人主义

---

[1] L·J·Hanifan. The Rural School Community Center [J]. Annals of the American Academy of political and Social Science，Vol，67，1916.

[2] ［法］皮埃尔·布尔迪厄. 文化资本与社会炼金术：布尔迪厄访谈录 [M]. 包亚明，译. 上海：上海人民出版社，1997.

[3] ［法］皮埃尔·布尔迪厄. 文化资本与社会炼金术：布尔迪厄访谈录 [M]. 包亚明，译. 上海：上海人民出版社，1997.

[4] ［美］詹姆斯·科尔曼. 社会理论的基础 [M]. 邓方，译. 社会科学文献出版社，1992.

色彩,如托马斯·布朗认为科尔曼仍关注的是在特定社会情景之中的个体行动者,因此他对社会资本的阐述隶属于微观层次的研究。[①]

他对社会资本理论的界定做出具体阐述如下:"社会资本的定义由其功能而来,它不是某种单独的实体,而是具有各种形式的不同实体。其共同特征有两个:它们由构成社会结构的各个要素组成;它们为结构内部的行动者提供便利——无论是个人还是集体行动者。"[②]

科尔曼从信任、规范、惩罚与社会资本的关系出发,论述了社会资本所具有的公共物品性质,他认为向公共物品投资不足会影响削弱信任的建立,影响社会规范的效力,"就有目的的行动而言,许多社会资本具有的公共物品特征是社会资本与其他形式资本最基本的差别"[③]。继而他论述到社会资本的创造、保持与消亡,影响因素有如下:①网络封闭。②结构稳定。③意识形态。④富裕、政府援助计划以及时间推移等因素。[④]

帕特南沿用科尔曼对社会资本概念的理性选择视角,将社会资本理论扩展到更为宏观的民主治理研究中,发展出应用社会资本理论框架来研究经济发展和民主政治等宏观问题的新途径。[⑤] 20世纪90年代以来,他先后出版了《使民主运转起来》《独自去打保龄球》和一系列论文,对社会资本与公民参与、制度绩效等之间的关系进行了系统研究。帕特南对社会资本的内涵界定包括"互惠的规范和公民参与的网络",而"在一个继承了大量社会资本的共同体内,自愿的合作更容易出现",同时他也将社会资本定义为"社会组织的特征,诸如信任、规范和网络,它们能够通过促进合作行为来提高社会的效率"[⑥]。帕特南对社会资本理论的定义凸显了社会资本公共物品属性从而使社会资本的内涵架构在以社会为中心的宏观层次(吴军,2012)[⑦],然而也有学者认为由帕特南开启的社会资本理论的文化视角陷入了"在分析单位上的自相矛盾"和

---

① [美]托马斯·福特·布朗,木子西. 社会资本理论综述[J]. 马克思主义理论与现实,2000 (2):41-46.
② [美]詹姆斯·科尔曼. 社会理论的基础[M]. 邓方,译. 北京:社会科学文献出版社,1992.
③ [美]詹姆斯·科尔曼. 社会理论的基础[M]. 邓方,译. 北京:社会科学文献出版社,1992.
④ [美]詹姆斯·科尔曼. 社会理论的基础[M]. 邓方,译. 北京:社会科学文献出版社,1992.
⑤ [美]帕特南. 王列,使民主运转起来[M]. 赖海榕,译. 南昌:江西人民出版社,2001.
⑥ [美]帕特南. 王列,使民主运转起来[M]. 赖海榕,译. 南昌:江西人民出版社,2001.
⑦ 吴军. 国外社会资本理论:历史脉络与前沿动态[J]. 学术界,2012 (8):71.

在"方法论选择上自我拉扯的僵局"(张荟云, 2015)[①]。

美籍日裔学者弗朗西斯·福山从更为广阔的经济、文化、政治的角度将社会资本的内涵概括为社会普遍信任和价值规范,并从更宽广的层次来论述社会资本,如群体层面、国家和社会层面等来论证社会资本对于社会组织的运作与经济发展的关键作用。他将社会资本定义为普遍信任,"社会资本是一种能力,它源自某一社会或某特定社会部分中所盛行的信任……"[②] 在《大断裂:人类本性与社会秩序的重建》中,福山又引进社会规范这一概念来诠释社会资本理论:社会资本可以被简单定义为:"一套为某一群体成员共享并能使其形成合作的非正式的价值和规范。如果群体中的成员希望其他成员的所作所为诚实可靠,那么他们就会开始建立彼此间的信任。信任就像润滑剂一样,帮助集体和组织的运转更加有效。"[③]

二、社会资本的要素

社会资本的构成要素是社会资本的一个基本问题。社会资本构成要素和它的内涵是相对应的,如果从不同的角度解释社会资本,那么社会资本的要素也会有不同侧重。梳理中西方主流学者派别对社会资本理论做出的研究与定义,我们可以把社会资本理论的核心要素锁定为以下三方面。

(一)关系网络

将社会资本理论划属于社会学研究范畴之下的是由布迪厄开创的社会关系网络视角下的概念,他认为社会资本制度化地分布在社会关系网络上,不同网格上摇起的旗号为其成员遮风避雨、增值获利,其内在机制是由行动者运用"投资策略"进行交换的过程中出现的象征性的建构为保障的,"这种交换是象征性体制所鼓励的,而且象征性体制也预先并规定生产了彼此的了解和承认"[④]。这一不间断的交换过程由社会资本的再生产预定,重复性的再生产积累并维护了原有的社会资本。他还论述了团体之中制度化的代理形式与团体内

---

① 张会芸. 社会资本的文化主义转向及其困境——以罗伯特·帕特南的理论为例[J]. 华中科技大学学报, 2015, 29(1): 108.
② [美]弗郎西斯·福山. 信任:社会美德与创造经济繁荣[M]. 郭华, 译. 桂林:广西师范大学出版社, 2016.
③ [美]弗朗西斯·福山. 大断裂:人类本性与社会秩序的重建[M]. 郭华, 译. 桂林:广西师范大学出版社, 2015.
④ [法]皮埃尔·布尔迪厄. 文化资本与社会炼金术:布尔迪厄访谈录[M]. 包亚明, 译. 上海:上海人民出版社, 1997.

部竞争。他认为团体的代理制度能够充分保证社会资本的合理延续,"这些代理形式使总体的社会资本得以集中,……而且具有限制个人失误后果的效应……"[①] 上述综述可体现出,布迪厄所论述的社会资本理论与社会网络关系的不可分割性赋予了这一概念以社会学的内涵。

帕特南强调"公民参与网络"的重要性在于,他认为,弱联系更有可能将小集团成员联系在一起,强联系往往集中于特定的集团,然而像这样"密集但是彼此分离的垂直网络维持的是每一集团内部的合作,而公民参与网络则跨越了社会的分层,滋养了更为广阔的合作"[②]。因此他认为,个体社会信任是社会资本的最关键因素,个体嵌入到社会网络(尤其是横向网状社会网络)中,在一定时间内反复社会交际,往往会鼓励短期利他意识与长期利己意识的集合——即所谓"正确理解的自利"意识以及互惠规范——产生,社会信任进而从中生发出来。而互惠规范、公民参与网络能够促进社会信任,他们都是具有高度生产性的社会资本,"社会资本促进了自发的合作""那些拥有社会资本的人往往会积累更多的社会资本"[③]。帕特南也论述了社会资本具有的公共用品特性,社会资本并非任何从中获益者的私人财产,这是个人寄身其间的社会结构的一个特性[④]。

(二)规范

与关系网络联系在一起的是规范,包括正式和非正式的规范,它们也是社会资本的构成要素。福山认为"信任半径"是测量一个社会所具有社会资本数量的尺度[⑤],将社会网络视为社会资本时,这三者有着密切的联系:"网络是一种关于信任的道德关系:网络是由一群个体行为者组成的,他们分享着超越普通的市场交易所需的非正式规范和价值观。"[⑥] 因此,社会规范对于社会组织及行动者的重要性正在于非正式规范的交换,福山认为,"既能避免在大型等级制组织中发生的内部交易成本,又能避免在公平市场交易中发生的外部交易成本。随着商品和服务变得越来越复杂、难以估价和区分,非正式的、基于

[①] [法]皮埃尔·布尔迪厄. 文化资本与社会炼金术:布尔迪厄访谈录 [M]. 包亚明,译. 上海:上海人民出版社,1997.
[②] [美]帕特南. 使民主运转起来 [M]. 王列,赖海榕,译. 南昌:江西人民出版社,2001.
[③] [美]帕特南. 使民主运转起来 [M]. 王列,赖海榕,译. 南昌:江西人民出版社,2001.
[④] 同 287。
[⑤] [美]弗朗西斯·福山. 大断裂:人类本性与社会秩序的重建 [M]. 郭华,译. 桂林:广西师范大学出版社,2015.
[⑥] [美]弗朗西斯·福山. 大断裂:人类本性与社会秩序的重建 [M]. 郭华,译. 桂林:广西师范大学出版社,2015.

规范的交换活动的必要性也在日益加重"①。

（三）信任

社会资本的构成要素还包括信任。信任之所以是社会资本的要素之一，是因为它能够制造人与人之间的信任关系。而人与人彼此信任是社会各方面的黏合剂，也是促进合作的一个包含最广的因素；社会资本能够克服人类集体行动的困境，总是要通过加强行动者间的信任方能做到。

帕特南将信任看作社会资本的核心，在人们能相互信任，以及在社会成员可以重复互动的地方，日常的商业和社会交往的成本将会大大降低，"信任能够降低交易的经济成本"②。而一个具备充足的普遍信任的社会就会具备同样充足的运行效率，"一个有着广义互惠原则的社会比一个互相不信任的社会更加有效率，这同现金交易比物物交易更有效率是一样的道理"③。美国学者汤克斯认为，之所以信任在社会共同体中如此重要，是因为"从根本上讲，它是人们对交换规则的共同理解，即允许经济行为者对他人行为有预期，并且在缺少完全信息或合法保证的情况下遵循信任原则"④。

三、社会资本的功能

布迪厄眼中的社会资本除了资源性和社会关系网络特性外，还具有高度生产性的特点，对其他两种资本形式来说，社会资本起着增效器的作用。布迪厄对资本类型的划分并非泾渭分明："不同的资本之间可以相互转化以表现出原先不具备的性质。"⑤凭借社会资本，行动者可以直接获得经济资源，也能提高自己的文化资本。

科尔曼理论阐述的基础源于理性选择理论，微观层面的个体行动是一种理性行动，这种行动具有目的性，行动的原则在于试图控制能够满足自己利益的

---

① ［美］弗朗西斯·福山. 大断裂：人类本性与社会秩序的重建［M］. 郭华，译. 桂林：广西师范大学出版社，2015.

② ［美］帕特南. 独自打保龄［M］. 刘波，等译. 北京：中国政法大学出版社，2018.

③ ［美］弗郎西斯·福山. 信任：社会美德与创造经济繁荣［M］. 郭华，译. 桂林：广西师范大学出版社，2016.

④ ［美］弗兰·汤克斯. 信任、社会资本与经济［J］. 马克思主义与现实，2002（5）：42—49.

⑤ ［美］皮埃尔·布尔迪厄. 文化资本与社会炼金术：布尔迪厄访谈录［M］. 包亚明，译. 上海：上海人民出版社，1997.

资源[1]，在他看来，个体行动者有三种资本：物质资本、人力资本和社会资本，通常情况下，这三种资本形式可以相互补充。相对于其他两种形式的资本来说，社会资本是无形的，存在于人际关系的结构之中，并表现为人与人之间的关系，通过社会关系的投资可以积累和增加社会资本。[2]而社会资本的生产性决定了"人们能够通过对社会资本的占有实现某些既定目标，社会资本为人们实现特定目标提供便利"[3]。

在帕特南对社会资本的论述之中，他将对社会资本的阐释纳入对其政治文化视角的理解之中，认为社会资本是化解"集体行动困境"的一种有效机制[4]，社会资本是使民主得以运转起来的关键，密集的社会互动网络，以及自愿性社团的约束性机制，会减少机会主义、投机主义和"搭便车"现象，也容易产生公共舆论和其他有助于培养声誉的方式，是建立信任关系和信用社会的必要基础。

在《信任：社会美德与创造经济繁荣》一书中，福山明确阐明了以社会为中心的社会资本的功能，即以社会的普遍信任程度来分析一个社会或国家的经济繁荣程度，他认为"信任的扩展有赖于社会资本的积累与社会的生长"，而"社会资本是一个经济体健康与否的关键"[5]，强调了社会资本在经济、文化和社会范畴的重要性，"一个社会的社会资本禀赋，对了解它的工业结构，以及它在全球资本主义劳动分工中的地位至为关键"[6]。"社会资本带来的好处远超经济领域，对缔造一个健康的公民社会至关重要"[7]。

---

[1] [美]詹姆斯·科尔曼. 社会理论的基础[M]. 邓方，译. 北京：社会科学文献出版社，1992.
[2] [美]詹姆斯·科尔曼. 社会理论的基础[M]. 邓方，译. 北京：社会科学文献出版社，1992.
[3] [美]詹姆斯·科尔曼. 社会理论的基础[M]. 邓方，译. 北京：社会科学文献出版社，1992.
[4] [美]帕特南. 使民主运转起来[M]. 王列，赖海榕，译. 南昌：江西人民出版社，2001.
[5] [美]弗朗西斯·福山. 信任：社会美德与创造经济繁荣[M]. 郭华，译. 桂林：广西师范大学出版社，2015.
[6] 同300。
[7] [美]弗朗西斯·福山. 大断裂：人类本性与社会秩序的重建[M]. 郭华，译. 桂林：广西师范大学出版社，2015.

第三节 认知行为理论

认知行为理论包含认知理论和行为理论,是将认知用于行为修正上的理论。一方面,该理论强调认知在解决问题过程中的重要性,强调内在认知与外在环境之间的互动,认为外在的环境改变与内在的认知改变都会最终影响个人行为的改变;另一方面,认知行为理论认为,人的行为不是一味因外在的赏罚而有所减弱或增强,也不是简单地随着外界环境的不同诱因的变化而不自觉地进行反应。在这个过程中,情绪发挥着润滑剂的作用,正向情绪带来积极的思考和行动,负向情绪则带来消极的思考和行动。因此,人的行动都是认知、情绪和行为三者互动的结果。

一、理论概述

认知行为理论的形成是源于两大主流:行为学派对认知疗法的应用和认知学派对行为指标的价值肯定。[1] 一方面,行为学派对认知概念的关注推动了认知行为理论的发展,另一方面,认知行为理论的发展也得益于认知理论强调行为的改变。认知理论认为人的行为是由个人整体生活形态所塑造的,会受到学习过程中对环境的观察和解释的影响,人的内部过程在其中起着至关重要的作用,它不仅影响人的行为,更会影响个人整个生活形态的形成。托尔曼把人的内部过程称作"中间变量"[2],行为主义的"S-R"公式修改为"S-O-R"公式,O即为中间变量,包括人的生理内驱力、遗传、过去经验和年龄等因素。皮亚杰则更加深化了"中间变量"的内涵,他提出"S-(AT)-R"公式,"A"指个体,"T"指人的内部思维图式或认知结构,"T"是主客体相互作用的最主要的"中间变量",这个公式指的是一定的刺激只有被个体同化于其认识结构之中,才能引起人们对刺激的行为反应。[3]

在行为理论和认知理论的基础上,认知行为理论认为要改变人的行为,首

---

[1] 范明林. 社会工作理论与实务 [M]. 上海:上海大学出版社,2007.
[2] [美]爱德华·C. 托尔曼. 动物和人的目的性行为 [M]. 李维,译. 杭州:浙江教育出版社,1999.
[3] 颜世元. 试论现代认知心理学研究的认识论意义 [J]. 山东大学学报(哲学社会科版),1989(3):37-43.

先要改变人的认知。在大多数情况下，行为和认知是相伴而生的，认知可以改变行为，行为也可以改变认知。①

二、实践模式

认知行为理论所对应的干预模式或是实践模式为认知行为疗法，认知行为疗法同行为疗法一样，始终坚持一种以科学为基础的治疗取向，只是干预目标从行为扩展到了判断和信念。② 且无论是强调行为原则还是认知原则，认知行为治疗师的目的都是用适应行为、情绪和认知取代不适应行为、情绪和认知。③ 认知行为治疗中最具代表性的疗法为艾利斯的理性情绪行为疗法（REBT）和贝克的认知疗法（CT），两者干预的关键都在于认知重构。此外，梅肯鲍姆的认知行为矫正（CBT）、沃尔珀的系统脱敏疗法、接纳承诺疗法④、正念认知疗法⑤等也是受到广泛使用的认知－行为疗法。

艾利斯的理性情绪行为疗法的基础理论是"A-B-C"理论。理性情绪疗法认为，情绪（C）并不是由某一诱发性事件（A）本身直接引起的，而是由经历这一事件的个体对这一事件的解释和评价（B）引起的。艾利斯这样表达自己的观点，"人不是被事物本身所困扰，而是被其对事物的看法所困扰"。理性情绪行为治疗理论认为造成人们焦虑的基本原理或非理性观念的关键在于人们的心理产生了大量绝对"必须"的想法，而理性情绪疗法的干预重点就是帮助人们改变其核心的非理性的自我挫败的观念。⑥ 理性情绪行为疗法在"A-B-C"理论的基础上进一步扩展成了"A-B-C-D-E"干预模型。董宏哲基于此提出公共危机事件网络舆情治理模型⑦，指出政府和媒体必须及时进行舆情引导（D），使大众对危机事件（A）产生正确、理性的认知（B'/E），产生合理情绪和行为（C'），进而助推事件（A）向正面方向发展。这很

---

① 范明林. 社会工作理论与实务 [M]. 上海：上海大学出版社，2007.
② [美] 米歇尔. 认知行为疗法 [M]. 郭成，等译. 重庆：重庆大学出版社，2021.
③ [美] 米歇尔. 认知行为疗法 [M]. 郭成，等译. 重庆：重庆大学出版社，2021.
④ 曾祥龙，刘翔平，于是. 接纳与承诺疗法的理论背景、实证研究与未来发展 [J]. 心理科学进展，2011，19（7）：1020-1026.
⑤ 刘兴华，韩开雷，徐慰. 以正念为基础的认知行为疗法对强迫症患者的效果 [J]. 中国心理卫生杂志，2011，25（12）：915-920.
⑥ [美] 阿尔伯特·艾利斯（澳）黛比·约菲·艾利斯. 理性情绪行为疗法 [M]. 郭建中，叶建国，郭本禹，译. 重庆：重庆大学出版社，2015.
⑦ 董洪哲. 理性情绪疗法视角下新型冠状病毒肺炎公共危机事件的网络舆情治理 [J]. 医学与社会，2020，33（5）：105-110.

好地体现了理性情绪行为疗法在社会性议题中的应用。对艾利斯理性情绪行为疗法最大的争议就是理性和非理性如何判定[①]，由于存在文化背景差异，中西方对理性的认识可能有所不同，因此应用理性情绪行为疗法还需具体问题具体分析。

贝克的认知治疗模型与艾利斯的理性情绪疗法的基本原理和步骤方法相似，但与艾利斯不同的是，贝克不是强调教授理性思维，而是强调纠正原有的认知曲解[②]，他认为情绪困扰和行为失常均与歪曲的认知有关。在功能失调性假设（图式）下，人们在遭遇重大生活事件时大量的自动负性思维就会出现，负性情绪进而出现，负性认知和负性情绪之间不断互相强化，进而导致情绪和行为障碍。[③] 贝克认为，自动负性思维会表现出对自己的负面评价、对经历的负面解释、对未来的悲观预期三种负性认知，这在抑郁中有重要作用[④]，抑郁症来访者往往对自己有过于严苛的评价，过分关注生活中的困难和挫折，对未来也持悲观态度，这些负面评价和悲观预期导致他们对自己和未来缺乏信心，常常陷入自我否定的循环。[⑤] 贝克的认知疗法就旨在帮助来访者认清行为事实，识别和改变这些负面思维和信念，通过不断的检验和推理，来访者能逐渐认识到自己的认知偏差，可以学会用更积极、现实的方式看待自己、生活和未来。

三、国内相关应用研究

通过文献检索发现，国内认知行为理论多运用于心理学领域和医学领域，近年来也较多被应用于教育领域和社会工作领域。在早期，认知行为理论的运用主要体现在用认知行为疗法治疗社会焦虑[⑥]、强迫症[⑦]、攻击性行为[⑧]、抑郁

---

① 苏茜，王维利. 对理性情绪疗法的反思 [J]. 护理研究，2009，23 (2)：95—97.
② 岑国桢，李正云，等. 学校心理干预的技术与应用 [M]. 南宁：广西教育出版社，1999.
③ 张理义. 临床心理学 [M]. 北京：人民军医出版社，2003.
④ [美] Phillip L. Rice. 健康心理学 [M]. 胡佩诚，等译. 北京：中国轻工业出版社，2000.
⑤ [美] 阿伦·贝克，布拉德·奥尔福德. 抑郁症 [M]. 杨芳，等译. 2版. 北京：机械工业出版社，2014.
⑥ 梅锦荣. 社会焦虑与认知行为治疗 I. 社会焦虑 [J]. 中国临床心理学杂志，1994 (3)：129—134+166.
⑦ 陈远岭，徐俊冕. 强迫症的认知行为治疗模式 [J]. 心理科学，1994 (5)：308—309.
⑧ 杨治良，刘素珍. "攻击性行为"社会认知的实验研究 [J]. 心理科学，1996 (2)：75—78+127.

症[1]等心理问题上，随着认知行为理论的传播与发展，越来越多的学者也开始重视认知行为理论对于儿童青少年品行障碍[2]、网瘾问题[3]、亲密关系[4]、儿童厌学[5]等社会性议题的分析和干预作用。总体而言，认知行为疗法研究主要围绕认知行为疗法与积极心理学关系、心理弹性（心理韧性）、高校大学生心理健康教育、儿童青少年网络成瘾、强迫症/焦虑症/抑郁症的认知行为干预四大领域展开。[6]

尽管认知行为理论可以分析众多社会现象，一些学者也指出了认知行为理论的局限性。谢静涛指出认知行为模型可以有效解释成人强迫症的发生和发展，但在儿童青少年群体中研究相对较少，必须结合儿童青少年的家庭环境加以分析。[7]姬莉平和张昱提醒我们群体的认知行为具有明显的时代烙印和地域特征，必须立足本土国情、加强实证研究，不可照搬套用。[8]高万红和陆丽娜发现在认知行为治疗模式指导下的精神科社会工作开展具有一定有效性，但其主要是分析社会工作方法的有效性，而忽视了理论的适用性和局限性。[9]关于认知行为疗法，有学者认为认知行为疗法自诞生之初，便存在基因性的不足或缺陷，这也决定了该疗法只适用于文化知识水平较高者[10]，治疗对象具有一定的局限性。

综上，认知行为理论是一个庞大的理论体系，不仅包含认知理论和行为理论的核心理论内涵，还包括认知疗法、行为疗法、认知-行为疗法、社会工作认知-行为治疗模式等多个理论视角和介入模式。国内对认知行为理论的研究

---

[1] 陈远岭，徐俊冕，李一云，等. 认知行为治疗对抑郁性神经症的疗效研究—六个月和十二个月随访 [J]. 中国心理卫生杂志，1996（5）：228-230+239+238.

[2] 陈立民，张卫，姚杜鹃，等. 西方儿童和青少年品行障碍的干预研究评析 [J]. 中国健康心理学杂志，2007（6）：562-565.

[3] 陈秀云. 认知行为治疗模式介入解决青少年"网瘾"问题的个案研究 [D]. 华中科技大学，2014.

[4] 张会. 认知行为视角下老年夫妻亲密关系的重建 [D]. 华东理工大学，2014.

[5] 蒋小纯. 认知行为治疗模式在儿童厌学行为中的应用 [D]. 南京农业大学，2017.

[6] 余正台. 我国认知行为疗法研究热点知识图谱 [J]. 医学与哲学（B），2017，38（1）：69-73+84.

[7] 谢静涛. 儿童青少年强迫症的认知行为理论研究探讨 [J]. 医学与哲学（人文社会医学版），2011，32（3）：39-40.

[8] 姬莉平，张昱. 国外青少年认知行为研究的最新进展及其启示 [J]. 中国青年研究，2015（7）：116-120.

[9] 高万红，陆丽娜. 精神科社会工作实践研究——以昆明Y医院为例 [J]. 浙江工商大学学报，2017（4）：109-117.

[10] 张忠宇. 认知行为疗法本土化应用新进展 [J]. 黑河学院学报，2020，11（4）：9-11.

集中于运用认知行为疗法介入某种社会问题,但尚未形成一个统一的理论框架,理论在实际运用过程中越来越细化,在发展理论的同时也造成了一定程度上的"割裂",难以体现社会学所注重的"整体感"。此外,国内目前对认知行为理论本身的讨论较少,如该理论指导实践的有效性和局限性,与其他理论的结合使用等等。

四、理论评价

首先,我们必须承认认知行为理论在社会学领域的重要性。其一,认知行为理论弥补了传统社会学理论的不足。传统社会学理论往往过于强调结构因素对个体行为的影响,而忽视了个体在决策过程中的能动性和心理过程。认知行为理论的出现,使得社会学家能够更加全面地解释个体在社会结构中的行为和心理现象。其二,认知行为理论为解决实际社会问题提供了理论支持。关于认知行为理论的文献众多,可见在教育、心理健康、家庭、组织管理等领域,认知行为理论的应用价值得到了广泛认可。例如,在教育领域,研究者运用认知行为理论提出了许多有效的教学策略和方法,以促进学生的学习动机和自我效能感;在心理健康领域,认知行为疗法被认为是一种有效的心理治疗方法,可以帮助个体应对心理问题,改善生活质量。

然而,认知行为理论在社会学领域的发展也存在一定的局限性。其一,认知行为理论主要关注个体层面的认知和行为,应用时多用于具体的某一个人或某一群人,因此在解释社会不平等、社会阶层差异等结构性问题时容易力不从心。其二,仅从个体认知和行为的视角可能无法充分解释复杂的社会现象背后的复杂动力,例如涉及多方利益相关者的政策制定过程或社会运动等。其三,在研究方法层面,由于认知行为理论是认知理论和行为理论的融合与发展,传统的问卷调查、实验设计等方法是否能够准确捕捉个体的认知和行为过程以及如何有效检验理论运用的效果存在争议。[①] 针对认知行为理论存在的局限,一些学者试图将认知行为理论与其他理论视角相结合,以期在理论和实证研究中实现更好的解释力,更全面地解析社会现象。这一点在社会工作的实务研究中多有体现。此外,如何采用更先进的实验方法来研究认知行为过程,成为认知行为理论未来发展需要关注的问题。

---

① 汪新建. 当代西方认知－行为疗法述评 [J]. 自然辩证法研究,2000(3):25-29.

第四节 理性选择理论

理性选择理论最早源于"经济人"或"理性人"假设,其思想可以简单概括为效用最大化。当代社会学中的理性选择理论是在批判传统理性选择理论基础上形成的一个有影响的派别,本书将对理性选择理论进行学术史回顾,梳理理性选择理论的起源与发展、在我国的研究现状及趋势,以及存在的局限性,以期在我国现实语境的基础上更好地理解与应用理性选择理论。

一、理性选择理论的形成与发展

理性选择理论的起源可追溯至 18 世纪。在此之前,人们普遍认为人类行为是由神、命运或传统决定的,而非理性思考的结果。18 世纪,启蒙思想家如亚当·斯密、大卫·休谟等开始关注人类行为背后的逻辑和理性动机。亚当·斯密在其著作《国富论》中提出"经济人"假设,认为人会通过趋利避害的选择实现最少成本投入的最大化效用。[1] 这一"理性利己"观点奠定了理性选择理论的基础,后续的理性选择相关研究继承了"经济人"假设,从"理性"角度解释个体的目的性行动以及在此基础上有目的选择。

进入 20 世纪,理性选择理论得到了更为系统地发展。肯尼斯·阿罗在《社会选择与个人价值》中提出了"阿罗不可能定理",该定理阐述了在投票制度中如何通过理性选择达到利益的最大化,阿罗认为个体在面临多种选择时,可以通过比较不同选择的效用来做出最佳决策,但在某些条件下,社会无法达成共识。[2] 这一观点指出了理性的局限性,使得理性选择理论更为严谨和成熟。凯恩斯也在《就业、利息和货币通论》中指出在经济行为中,人们的决策并非完全理性,而是受到心理因素的影响[3],进一步推动了理性选择理论的发展。

随着研究的深入,理性选择理论逐渐发展为一个庞大的理论体系,如公共选择理论和集体行动理论。詹姆斯·布坎南和戈登·塔洛克在 1962 年合作出

---

[1] [英]亚当·斯密. 国富论(下)[M]. 郭大力,王亚南,译. 北京:商务印书馆,2014.
[2] [美]肯尼斯·阿罗. 社会选择与个人价值[M]:第2版. 厂建峰,译. 上海:上海人民出版社,2010.
[3] [英]凯恩斯. 就业利息和货币通论[M]. 高鸿业,译. 北京:商务印书馆,2021.

版的《同意的计算》一书中,提出了"公共选择理论",将理性选择理论应用于政治行为过程的研究。[①] 他们认为,政治家和官僚在做出决策时,同样会遵循理性选择原则,以追求自身的利益最大化,这一观点进一步拓宽了理性选择理论的视野。奥尔森在20世纪80年代提出"理性利益集团"思想,认为政治行为者不仅会考虑个人利益,还会受到其所处社会环境和制度背景的影响[②]。这一发展进一步丰富了理性选择理论的内涵。

综上,理性选择理论起源于经济学领域,后来逐渐影响到政治学、社会学等其他社会科学领域。在经济学领域和政治学领域,理性选择理论都经历了内容不断扩展、内涵不断深化的过程,呈现出从"完全理性"到"有限理性"的发展趋势。"有限理性"是指由于信息不完全、计算能力有限、认知偏差、情感等因素[③],个体在经济行为或政治行为中可能无法总是做出完全理性的决策。

贝克尔在《人类行为的经济学分析》一书中,运用经济学的方法对人类行为进行了系统研究,为社会学的发展提供了新的视角。贝克尔强调,人类在做出决策时会根据成本和收益进行理性选择,并进一步指出理性选择不仅局限于经济领域,还可以广泛应用于社会生活的各个方面,如婚姻、生育力和家庭[④],这一观点极大地拓展了理性选择理论的研究范围,使得研究者可以在一个更高的抽象层次上探讨社会现象。但另一方面,贝克尔将简化的市场模型应用于社会学主题,宏观层面的一切都被建模为一个市场,犯罪、婚姻和儿童都有市场[⑤],婚姻和家庭关系被视为市场交易,市场仿佛成了唯一的制度类型,而情感、文化和道德因素却被忽略,社会制度对个体行为的影响也被忽略。

贝克尔的研究为社会学研究人类行为提供了启发,其实在社会学领域内,对理性选择理论的贡献最早始于霍曼斯的社会交换理论。霍曼斯认为人是理性的,人们的行为要么是为了获得报酬,要么是为了逃避惩罚。[⑥] 社会交换论的核心观点即认为人与人之间的互动从根本上说是一种交换过程,交换的根本目

---

① [美]詹姆斯·布坎南,[美]戈登·塔洛克. 同意的计算:立宪民主的逻辑基础[M]. 陈光金,译. 北京:中国社会科学出版社,2000.
② [美]曼瑟尔·奥尔森. 集体行动的逻辑[M]. 陈郁,等译. 上海:上海人民出版社,1995.
③ [美]赫伯特·西蒙. 西蒙选集[M]. 黄涛,译. 北京:首都经济贸易大学出版社,2002.
④ [美]加里·贝克尔. 人类行为的经济分析[M]. 王业宇,陈琪,译. 上海:上海人民出版社,1995.
⑤ [美]加里·贝克尔. 人类行为的经济分析[M]. 王业宇,陈琪,译. 上海:上海人民出版社,1995.
⑥ 侯钧生. 西方社会学理论教程[M]. 天津:南开大学出版社,2001.

的是为获得最高报酬①，这一观点强调了人们在面对社会互动时所做出的理性选择，将社会行为视为一种基于利益考量的交换过程。在霍曼斯的基础上，布劳进一步将社会交换思想应用于研究社会组织和社会结构问题。布劳认为，理性选择不仅体现在个体层面的行为选择，还体现在社会结构和社会组织层面。他运用社会交换思想研究了权力、地位、资源分配等问题②，从而为理性选择理论的发展注入了新的活力。格兰诺维特的嵌入性思想也指出人是嵌入于社会关系之中的行动者，不仅是个体的经济行动，经济制度等会受到社会关系网络的影响。③ 这些理论思想对理性选择理论的发展产生了深远影响，为后来的研究者提供了理论来源和分析视角。

科尔曼对理性选择的理论思路进行了更加系统、深入的研究，是社会学领域理性选择理论的集大成者。前文所提到的自由主义经济学思想和霍曼斯的交换论研究方法都对科尔曼的研究产生了重要影响，前者奠定了科尔曼研究的主体价值观，后者则提供了科尔曼研究的基本方法论，此外，默顿的实用主义态度和宏微观联系理念也被科尔曼所继承。科尔曼的理性选择理论集中体现在《社会理论的基础》（1990年）一书中，他试图用理性选择理论的范式研究社会学中的问题，使理性选择理论更为完善，较大程度上提高了理性选择理论的适用性和应用范围，他所创立的理性行动理论也将理性选择理论在社会学领域的发展又推进到了一个新的阶段。

理性选择范式受到了一些社会学家的批评。赫克特针对这种方法论上的争论，讨论了理性选择理论和结构主义说明方法的关系，并且指出较好的研究方式是把两种理论视角结合起来。与科尔曼的基本观点相同，赫克特进一步指出个体的行动并不完全归因于动机，它也要受到因资源缺乏而产生的限制（影响到个人的机会成本）以及来自现存社会体制的限制（包括社会规范，但不止于此），结构的原因分析和理性选择的原因分析常常是互补的。④

二、科尔曼的理性选择理论

要了解科尔曼的理性选择理论思想，必须先明确他在《社会理论的基础》

---

① 邓伟志. 社会学辞典 [M]. 上海：上海辞书出版社，2009.
② [美] 彼得·布劳. 社会生活中的交换与权力 [M]. 孙非，张黎勤，译. 北京：华夏出版社，1988.
③ 符平. 市场的社会逻辑 [M]. 北京：生活·读书·新知三联书店，2013.
④ [美] 米歇尔·赫克特，李培林. 理性选择理论和历史社会学 [J]. 国际社会科学杂志（中文版），1993（3）：57—64.

一书中所采用的方法论倾向。科尔曼采用的是个体方法论,但是被改变的个体方法论[①]。科尔曼认为整体方法论忽视了社会系统的内部层次,特别是忽视了个人行动层次,而他主张的个体方法论不仅是依据个人动机和倾向来解释社会现象,而且要考虑由个人到系统之间的多个层次[②]。虽然科尔曼采用的是个体主义方法论,但正如他在开篇所指出的那样,"社会科学的核心问题是解释社会系统的活动……社会科学的主要任务是解释社会现象,而不是解释个人行为"[③],科尔曼认为理论体系的起点和终点都在宏观水平,而推理过程中却能够落实到个人行为,理论的实用主义特点就在宏观与微观的双向互动和影响中体现出来[④]。

科尔曼的理性选择理论的基本假设为"理性人"假设,是指对于行动者而言,不同的行动有不同的效益,而行动者的行动原则即为最大限度地获取效益[⑤]。在"理性人"假设的基础上,与其侧重宏观与微观相联系的主旨相应,科尔曼的核心概念在基本行动和系统行动两个层次上展开。其中基本行动是指两个行动者相互依赖的行动,而系统行动包括三方或更多的行动者,基本行动是系统行动的基础。基本行动的基本要素为行动者、资源和利益,最基本的行动是两个行动者交换资源,以此来满足双方的利益[⑥],这是行动者相互依赖的起因,理性选择的基础就在这三个概念上得以确立。社会交换必须以一定的社会秩序为前提,因而需要建立行动的权利结构,权利结构规定每个行动者对何种资源有自由处置权或利用这些资源采取行动的权利,"权利既依赖权力,又依赖他人的承认"[⑦]。在行动者多次交换过程中[⑧],社会均衡、社会最优状态逐渐实现。

[①] [美]詹姆斯·科尔曼. 社会理论的基础[M]. 邓方,译. 北京:社会科学文献出版社,1999.
[②] [美]詹姆斯·科尔曼. 社会理论的基础[M]. 邓方,译. 北京:社会科学文献出版社,1999.
[③] [美]詹姆斯·科尔曼. 社会理论的基础[M]. 邓方,译. 北京:社会科学文献出版社,1999.
[④] [美]詹姆斯·科尔曼. 社会理论的基础[M]. 邓方,译. 北京:社会科学文献出版社,1999.
[⑤] [美]詹姆斯·科尔曼. 社会理论的基础[M]. 邓方,译. 北京:社会科学文献出版社,1999.
[⑥] [美]詹姆斯·科尔曼. 社会理论的基础[M]. 邓方,译. 北京:社会科学文献出版社,1999.
[⑦] [美]詹姆斯·科尔曼. 社会理论的基础[M]. 邓方,译. 北京:社会科学文献出版社,1999.
[⑧] [美]詹姆斯·科尔曼. 社会理论的基础[M]. 邓方,译. 北京:社会科学文献出版社,1999.

在系统行动层次，科尔曼指出行动者之间除了直接的市场交换关系、人际关系外，还存在与系统行动者有关的权威关系和信任关系，这些关系可以说明众多行动者的基本行动是如何转变为系统行动的。科尔曼指出，权威被授予后，被支配者的行动仿佛违背了理性行动原则[①]，但正是委托人、代理人、被支配者这三种角色的复杂关系和微观互动形成了社会的权威系统（如科层组织、等级制度、法规体系）和系统行动（如行政管理、收入分配）；且宏观结构和系统行动的结果会对行动者产生反馈作用，影响行动者的认识并调整行动或关系，从而实现微观到宏观、宏观到微观的转变。信任系统亦体现了个人有目的地行动的这一转变。[②] 除论述基本行动与系统行动外，科尔曼还研究了规范是如何出现的，以及在众多行动者之间如何维持的[③]。

与以往许多社会学理论的假设不同，理性选择理论认为个人的利益偏好是既定的，行动者根据利益最大化原则行动。社会规范是通过社会共识形成的，通过外在的赏罚措施和内在的规范内化实现的，是在微观互动过程中形成的宏观建构。规范是针对某种行动制定的，这种行动称为焦点行动[④]，规范的产生是因为焦点行动具有外在性，即行动的结果对其他人有影响。同时，社会规范也影响着人们的行动，包含共同性规范、分离性规范、惯例性规范几种[⑤]。科尔曼运用了大量的篇幅分析存在于行动者之间的各种特定关系，这些特定关系所构成的关系网络为个人提供了新的资源——社会资本。在科尔曼看来，如果没有社会资本，人们的目标就难以实现或必得付出极高的代价，因此社会关系必须尽力维持。[⑥]

综上，理性选择理论是个体在行动之前会在结构制约下根据自身的利益和价值偏好来权衡成本和收益的理论。该理论认为个体行动者的行动是个体利用自己手中的资源在控制与被控制中最大限度地获取价值或追求效益的过程，强

---

① [美]詹姆斯·科尔曼. 社会理论的基础[M]. 邓方，译. 北京：社会科学文献出版社，1999.
② [美]詹姆斯·科尔曼. 社会理论的基础[M]. 邓方，译. 北京：社会科学文献出版社，1999.
③ [美]詹姆斯·科尔曼. 社会理论的基础[M]. 邓方，译. 北京：社会科学文献出版社，1999.
④ [美]詹姆斯·科尔曼. 社会理论的基础[M]. 邓方，译. 北京：社会科学文献出版社，1999.
⑤ [美]詹姆斯·科尔曼. 社会理论的基础[M]. 邓方，译. 北京：社会科学文献出版社，1999.
⑥ [美]詹姆斯·科尔曼. 社会理论的基础[M]. 邓方，译. 北京：社会科学文献出版社，1999.

调人们是理性和自利的行动者，而不是被社会或情感所驱动的。

三、国内相关研究

国内最早讨论理性选择社会学在经济活动中的应用的是周长城[1]，他对理性选择理论的渊源、背景做了梳理，并对理性选择理论与新古典经济学、社会学的相同点和差异进行了介绍、分析与比较，指出社会组织、社会制度在社会学理性选择理论中扮演着十分关键的作用。[2] 丘海雄、张应祥关注到了科尔曼将社会学强调制度结构的传统植入理性选择理论，试图借此解决社会理论中微观——宏观连接的问题，但理性选择理论不能解释所有的社会行为，理性存在局限性。[3] 李培林[4]、林聚任[5]通过分析理性选择的基础，试图回答基于个体理性选择的社会理性选择如何实现，二者通过何种机制达成统一。前期的学者主要还是对理性选择理论"是什么"的探讨，李文祥则关注到了理性选择理论的扩展，阿玛蒂·森在选择方式上将理性与感性相结合，在理性内涵上让工具理性与价值理性相共存[6]，这一观点能够让我们审视理性选择理论的不足，在反思中完善理论。

在理性选择理论的应用方面，王东运用科尔曼的理性选择理论对农村老人的养老行为进行解释，指出不合理的养老方式是出于理性选择的考虑，但如果越来越偏离初衷，就需要理性重新做出选择。[7] 此外，朱新阳对网恋行为的研究[8]，以及朱文君[9]和黄发友[10]对求职择业行为的研究也印证了理性选择理论中行动者最大限度地追求效益，不仅出于经济目的，也会出于情感、文化等目

---

[1] 周长城. 理性选择理论：社会学研究的新视野 [J]. 社会科学战线，1997（4）：224-229.
[2] 周长城. 理性选择理论：社会学研究的新视野 [J]. 社会科学战线，1997（4）：224-229.
[3] 丘海雄，张应祥. 理性选择理论述评 [J]. 中山大学学报（社会科学版），1998（1）：118-125.
[4] 李培林. 理性选择理论面临的挑战及其出路 [J]. 社会学研究，2001（6）：43-55.
[5] 林聚任. 论社会选择的基础和机制 [J]. 山东大学学报（哲学社会科学版），2003（1）：79-82.
[6] 李文祥. 从个人选择到社会选择的理论扩展——评阿马蒂亚·森《理性与自由》对理性选择研究的理论贡献 [J]. 社会学研究，2008（3）：201-214.
[7] 王东. 颜村家庭养老研究 [D]. 四川大学，2003.
[8] 朱新阳. 当代大学生网恋现象的社会学思考 [J]. 山东省青年管理干部学院学报，2004（4）：42-44.
[9] 朱文君. 国有企业下岗职工选择行为研究——东北地区四个城市下岗职工求职过程的考察 [D]. 吉林大学，2004.
[10] 黄发友. 社会转型期大学生择业观念与行为研究 [D]. 福州大学，2006.

的。在对理性选择理论应用的层面上，我国学者更多的是运用理性选择（行动）理论框架去分析某一热点现象，这些分析对当下仍有启发意义。以"考研热"现象为例，在理性选择理论看来，作为一个理性行动者，个体具有一定的利益需求和偏好，为了自身目的考研是一种理性的选择，但当"考研"这种个体行为汇聚成"群体考研"的集体行为时，研究生招生人数与报考人数失衡，个体的成功概率降低，这种手段就可能无法有效实现目标，但大家依然选择用"考研"的手段去实现目标，在个人层面的理性选择是否已经成为非理性的社会选择。许佳君、张华指出，个体微观上的考研行动不仅会影响自身效益最大化的追求及需求的满足，还会对其他相同目标的个体及社会规范产生影响，从而形成某种社会安排或规范等等。[①] 廉思和刘洁基于理性选择理论对"蚁族"居留意愿进行实证调查[②]，理性选择理论可以建构居留意愿的影响因素，却难以解释居留意愿的实证结果，这体现了理性选择理论在实际应用中的局限性。

综上，国内学者对于理性选择理论的研究可以分为两个阶段。前期主要是理性选择理论的引入，重点论述理性选择理论"是什么"，理论从何起源，内涵及核心观点是什么；后期理性选择理论被大量运用于各种社会学热点主题的研究中，重点论述理性选择理论是如何分析社会现象的。在理论应用的过程中，我们需要关注理性选择理论的合适性和解释力，积极与其他理论对话与融合，以更好地解释与指导社会实践。

四、理论评价

尽管理性选择理论受到了不少质疑和批评，但不可否认的是理性选择理论将宏观和微观分析相结合，提出了社会理论研究与发展的新方向，科尔曼还开创了法人行动研究的新动向[③]。董明认为科尔曼的理论瑕不掩瑜，科尔曼的理性选择理论对当下中国的改革及社会变迁具有相当的解释力，能够为中国的发展提供必要的理论视角，也能给中国学者以启迪[④]。

对理性选择理论的批判主要集中在以下几个方面：第一，过于强调理性，

[①] 许佳君，张华. 基于理性选择理论的范式解读"考研热"[J]. 河海大学学报（哲学社会科学版），2010，12（1）：41-44+91.
[②] 廉思，刘洁. 基于理性选择理论的"蚁族"居留意愿研究——来自北京市的实证调查[J]. 人文地理，2019，34（1）：115-121.
[③] 周鸿. 科尔曼理性选择理论简析[J]. 广西师范学院学报，2003（3）：101-104.
[④] 董明. 理性的社会选择何以可能？——简评科尔曼理性选择理论[J]. 湖北行政学院学报，2004（6）：91-96.

忽视其他因素（如行动者的偏好、心理预期、感性选择和社会网络等）对于人类行为的影响，人类行为具有多样性，也有冲动、无意识和失控的一面[1]，用理性主义的行为观研究所有人类行为未免欠妥，这一点刘少杰运用感性意识形式对理性选择理论进行了"追问"[2]；第二，概念还是较为抽象[3]，且理论建构和分析还是较为脱离"社会制度"，虽然科尔曼在其著作中强调了"社会规范"，但他也指出事实上，同样是触犯规范，制度为较高地位的人提供了保护，而社会低层的人们常常成为被惩罚对象[4]，因此，理性选择理论还需不断完善与深化；第三，理性选择理论具有很强的假设性，如科尔曼所提出的"社会资本"就是理性选择后的结果，布迪厄认为社会行动者的行为是基于一种感觉——处在社会场域中的感觉，而场域的构建与社会行动者的惯习、资本有关。

陈彬总结了经济学、社会学、政治学等领域对理性选择理论做出的批判和一定的修正与补充，包括"工具理性"向"价值理性"拓展，用"有限理性"替代"完全理性"，"满意准则"取代"最大化"假设，将制度与文化纳入对个体行动的分析，从行动者立场判断行为是否为理性选择四个方面。[5] 同时他也指出经过不断修正补充的理性选择理论可能已经偏离了其原来的理论核心，必须对理性选择范式进行深刻反思。

综上，学界对理性选择理论的批判集中于理性选择理论过于强调理性，忽视了社会文化和情感因素等，而加入认知因素、社会影响和情感变量等，能够丰富理论的内涵和应用范围。

随着社会学研究的不断深入，理性选择理论在社会学领域的应用也在不断拓展和深化。一方面，学者们尝试将理性选择理论应用于更广泛的议题，例如高校教师流动行为[6]（齐砚奎，2023）、高校毕业生就业选择[7]（方洁，翁馨，

---

[1] 谢舜，周鸿.科尔曼理性选择理论评述［J］.思想战线，2005（2）：70-73.
[2] 刘少杰.理性选择理论的形式缺失与感性追问［J］.学术论坛，2006（3）：123-128.
[3] 高连克.论科尔曼的理性选择理论［J］.集美大学学报（哲学社会科学版），2005（3）：18-23.
[4] ［美］詹姆斯·科尔曼.社会理论的基础［M］.邓方，译.北京：社会科学文献出版社，1999.
[5] 陈彬.关于理性选择理论的思考［J］.东南学术，2006（1）：119-124.
[6] 齐砚奎.基于理性选择理论的民办高校教师流动行为逻辑与管理策略研究［J］.黑龙江高教研究，2023，41（6）：42-47.
[7] 方洁，翁馨."上岸"偏好：一流高校毕业生走向体制内的就业选择——基于理性选择理论的分析［J］.中国青年研究，2023（5）：34-41.

2023)、环境精细化治理行为[①]（余敏江，2022）、老年人独立居住[②]（周春山，徐期莹，曹永旺，2021）等领域。另一方面，学者们也在对理性选择理论的基本假设和模型进行修正和完善，以更好地解释和预测社会现象。在现实社会中，行动者具有不同的偏好、信息和权力，因此他们在决策过程中可能采用不同的策略，许多社会现象也具有明显的历时性，关注多元行动者之间的互动和动态决策过程，有利于揭示更为复杂的现实社会现象。

[①] 余敏江. 中央环保督察下地方核心行动者的环境精细化治理行为逻辑——基于科尔曼理性选择理论视角的分析[J]. 行政论坛，2022，29（5）：110−117.
[②] 周春山，徐期莹，曹永旺. 基于理性选择理论的广州不同类型社区老年人独立居住特征及影响因素[J]. 地理研究，2021，40（5）：1495−1514.

第四章　四川乡村振兴进程中农村居民参与状况的实证分析

——基于彭州等9县51村的居民调查

第一节　调查概况

为适应本书研究需要，本书综合借鉴相关文献，将"居民参与"界定为社区居民参加社区发展计划、项目等各类公共事务与公益活动的行为及其过程，聚焦社区内部各种事务活动的参与。基于此，进一步对概念进行操作化，将居民参与进一步操作化为参与意识、参与意愿、参与程度、参与能力四个维度及相应发展指标，最终设计问卷和访谈提纲开展调查研究。

最终调查问卷由以下四个部分组成：第一部分为调查对象基本情况，包括个体的基本自然特征和社会特征，如性别、年龄、民族、职业、婚姻状况、受教育程度、家庭人口等变量；第二部分为基本生活状况，包括家庭年收入、对居住地各类条件满意度等变量；第三部分为乡村振兴了解度和关注度状况；第四部分为参与状况，包括参与意识、参与意愿、参与内容、参与能力以及参与建议等变量。

根据前期研究和课题组掌握的信息，结合四川各地城镇化率和经济发展状况，本次调查采用判断抽样的方法抽取样本，具体而言：第一阶段，成都平原选取成都市和眉山市、川南选取自贡市、川东北选取南充市、在川西北选取凉山州；第二阶段在选中的市/州抽取出彭州市、蒲江县、都江堰市、崇州市、彭山区、富顺县、蓬安县等9个市、县（区）；第三阶段在各个市、县（区）共选取51个行政村；最终在进入各村后根据村委会提供的名单进行实地抽样抽取调查对象。

调查于2021年9月到2023年6月开展，原预计发放问卷1000份，但由于时间、人力和资金等因素限制，实际调查中发放700份，回收有效问卷597

份，同时对村民、村干部等 11 个对象进行深度访谈，有效问卷回收率超过 85%，可以达到研究要求。对调查问卷资料采用统一的编码方式进行编码并录入数据库，并对数据进行有效范围清理和逻辑一致性清理，保证其后产生的缺省值均为漏填漏答所致，排除人为的录入误差，而后通过 SPSS 进行统计分析。具体样本概况见表 4-1。

表 4-1 样本概况（$N=597$）

样本特征		频数	百分比（%）	样本特征		频数	百分比（%）
性别	男	319	53.4	婚姻状况	未婚	67	11.2
	女	278	46.6		已婚	491	82.3
年龄	18~24 岁	41	6.9		离异	18	3.0
	25~65 岁	487	81.6		丧偶	21	3.5
	65 岁以上	69	11.5	居住年限	2 年以下	2	0.4
民族	汉族	538	90.1		3~4 年	10	1.7
	少数民族	59	9.9		5~9 年	34	5.7
文化程度	不识字或识字很少	30	5.0		10 年以上	551	92.2
	小学	166	27.8	家庭人口	3 人以下	52	8.7
	初中	221	37.0		3 人	174	29.2
	高中/中专/技校	103	17.3		3 人以上	360	60.3
	大专及以上	77	12.9		未答	11	1.8

注：1）调查中个别问题出现缺答的情况，表中以"未答"显示；2）本表中的百分比为总百分比，下文表中涉及的百分比则均是样本中的有效百分比。

关于样本的人口学特征情况，调查结果（表 4-1）显示：597 名被调查者中，男性 319 人，女性 278 人，分别占比约 53.4% 和 46.6%。年龄方面，调查对象中年龄最小的 18 岁，年龄最大的 83 岁，平均年龄 45.99 岁，其中 24~65 岁的人数占比最高，超过 81.6%；65 岁以上有 69 人，约占调查对象总数的 11.5%；18~24 岁人数占比很低，仅只为 6.9%。民族方面，汉族占绝大多数，占比达到 90.1%，少数民族调查对象多集中在川西地区，此部分对象比例约为 9.9%，这与调查地区的民族构成情况较为一致。受教育程度方面，小学和初中人数比例相对较高，分别约占 27.8% 和 37.0%，二者比例总和接近 65.0%；而高中/中专/技校的人数占 17.3%；大专及以上人数占比约 12.9%；不识字或识字很少的人数占比最低，只有 5.0%。婚姻状况方面，已婚者的人数占比居绝大多数，占 82.3%；其次的未婚者，比例约 11.2%；而丧偶、离异者的占比相对较低，二者占比总共为 6.5%。居住年限方面，在本地居住 10 年以上人数比例最高，占 92.2%；居住在当地 3~4 年和 5~9 年的人数分别占比约 1.7% 和 5.7%，而居住在本地 3 年以下的人数仅有 2 人，占比为 0.4%。家庭人口方面，调家庭人口数均值为 4 人，最小值 1 人，最大值 8 人，其中 3 人以上比例最高，占 60.3%，3 人之家占比约 29.2%，家庭人口不足 3 人的比例最低，只有 8.7%，此外还有 11 人未答。

第二节 农村居民参与现状

本节从参与意识、参与意愿、参与内容、参与能力四个层面对乡村振兴中的农村居民参与的基本状况进行描述性分析。具体而言：在参与意识维度下，选取"社区发展离不开我们的参与""我们有责任和义务参与""如果村里需要帮忙，我会尽力"和"我觉得参与对我没好处"四个指标分别进行单项分析，再通过对四个指标的加总赋分概括参与意识总体状况；参与意愿维度下，选取"社区事务参与意愿""居民对乡村振兴的参与意愿"两个指标分别进行分析，然后通过加总赋分概况；参与内容和参与能力维度下，分别选取"参与社区活动""最想参与的社区活动"和"参与能力符合度"指标进行状况分析。

居民的实际参与状况可能与个体自然和社会特征的不同而表现出个体差异性状况。因此，本节的研究也实际选取性别、年龄、婚姻状况、受教育程度、居住年限、职业等个体特征变量作为自变量，通过双变量的相关分析和假设检验具体考察居民参与的个体差异。

一、农村居民参与的状况描述

（一）参与意识

意识支配行为，居民参与状况很大程度取决于其参与意识状况，结合表 4-2 和表 4-3 统计结果分析，对"社区发展离不开我们的参与"这一观点持"认同"（含"非常认同"和"比较认同"）态度者比例达 70.5%，而持不太认同者比例仅占约 2.2%，没有人表示"不认同"；与上述类似，对"我们有责任和义务参与"持非常认同和比较认同者比例也达到 67.7%，不太认同者比例仅约 2.3%，也没有不认同者。

表 4-2 "社区发展离不开我们的参与"观点认同度（$N=597$）

	非常认同	比较认同	一般	不太认同	不认同
频数	225	196	163	13	0
百分比（%）	37.7	32.8	27.3	2.2	0.0

表 4-3 "我们有责任和义务参与"观点认同度（$N=597$）

	非常认同	比较认同	一般	不太认同	不认同
频数	147	257	179	14	0
百分比（%）	24.7	43.0	30.0	2.3	0.0

进一步根据表 4-4 统计结果可见，"如果村里需要我帮忙，我会尽力"观点持非常认同和比较者比例也占到 65.1%，而不太认同者比例仅为 0.8%。在负向指标"我觉得参与对我没好处"回答状况方面，表 4-5 显示，对此观点持不认同（包含"不太认同"和"不认同"）者比例超过半数，另有约 31.5% 的人表示不确定（"一般"），有 11.4% 的人比较认同，而仅有 4.6% 的人非常认同该观点。

表 4-4 "如果村里需要我帮忙，我会尽力"观点认同度（$N=589$）

	非常认同	比较认同	一般	不太认同	不认同
频数	171	212	201	5	0
百分比（%）	29.1	36.0	34.1	0.8	0.0

表 4-5 "我觉得参与对我没好处"观点认同度（$N=597$）

	非常认同	比较认同	一般	不太认同	不认同
频数	28	68	188	186	127
百分比（%）	4.6	11.4	31.5	31.2	21.3

通过对上述四个变量数据的赋值分析，结合表 4-6 结果可知，在总体的参与意识方面，参与意识较强者所占比例相对最高，达到 39.6%；其次是参与意识非常强者，约 33.3%；此外有 26.3% 者参与意识一般，而参与意识较弱的人比例仅为 0.8%，同时调查中没有出现参与意识非常弱的情况。

表4-6 总体参与意识赋值分析（$N=589$）

	非常强	较强	一般	较弱	非常弱
频数	196	233	155	5	0
百分比（%）	33.3	39.6	26.3	0.8	0.0

注：1）对上述问题，"非常认同"到"不认同"分别赋1~5分（负向问题赋分相反），相加合并每个个案问题的得分后按照相应区间转换为1~5分；

2）得分越低说明参与意识越强，越高说明参与意识越低；

3）后文的双变量分析都采用该表中的变量及数据。

（二）参与意愿

参与意愿是衡量居民参与的一个重要指标，即使居民有很强的参与意识，由于各种因素的综合作用，可能其参与意愿状况也并不相同，因此调查也着重考察了居民参与社区事务的意愿状况。表4-7结果显示，愿意参与（含"非常愿意"和"比较愿意"）者的比例为77.9%，参与意愿一般者的比例约为18.8%，不太愿意者比例仅为3.3%，没有不愿意者。

表4-7 社区事务参与意愿状况（$N=595$）

	非常愿意	比较愿意	一般	不太愿意	不愿意
频数	236	227	112	20	0
百分比（%）	39.7	38.2	18.8	3.3	0.0

进一步分析居民对乡村振兴的参与意愿状况，表4-8结果显示，表示愿意参与乡村振兴（含"非常愿意"和"比较愿意"）者比例为60.1%，约8.2%的居民表示自己不愿意参与乡村振兴（含"不太愿意"和"不愿意"），此外，还有约31.7%的调查对象倾向于中性表达。而在经过动员后的参与意愿方面（表4-9），71.2%的调查对象表示在被动员后愿意参与乡村振兴（含"非常愿意"和"比较愿意"），另有约23.6%的调查对象倾向于中性回答，仍然有5.2%的被调查对象表示在被动员后也"不愿意"（含"不太愿意"和"不愿意"）参与乡村振兴。

表4-8 居民对乡村振兴的参与意愿状况（$N=597$）

	非常愿意	比较愿意	一般	不太愿意	不愿意
频数	162	197	189	42	7
百分比（%）	27.1	33.0	31.7	7.0	1.2

表4-9 动员后居民对乡村振兴的参与意愿状况（$N=597$）

	非常愿意	比较愿意	一般	不太愿意	不愿意
频数	187	238	141	27	4
百分比（%）	31.3	39.9	23.6	4.5	0.7

最后通过对该同类问题进行赋值分析发现（表4-10），在居民参与意愿层面有72.8%的调查对象的参与意愿较强（含"非常愿意"和"比较愿意"），另有约21.7%的调查对象参与意愿一般，而不太愿意和不愿意参与的人数比例仅为5.5%。

表4-10 总体参与意愿状况的赋值分析（$N=595$）

	非常愿意	比较愿意	一般	不太愿意	不愿意
频数	231	202	129	31	2
百分比（%）	38.8	34.0	21.7	5.2	0.3

（三）参与内容

参与内容也是衡量参与状况的一个主要指标，调查结果（表4-11）显示：597名调查对象中参与过社区各类活动的76.5%的人共勾选了874次参与活动内容选项（剔除"没有参与过任何活动"者），平均每人参与过1.97类社区活动；其中，"参与过村委会选举"者比例相对最高，占45.2%；"参与过社区公益活动"和"参与过文化娱乐活动"者比例分别为34.5%和32.5%，同时还有25.1%的人"参与过产业协会、技术咨询和服务等相关活动"；而"参与过社区设施建设"和"参与过其他活动"的人所占比例相对较低，分别约占总人数的7.2%和1.8%；此外，仍然也有约23.5%的调查对象表示没参与过任何活动。

表4-11 居民参与活动状况（$N=597$，响应次数$=1014$）

参与活动	频数	个案百分比（%）
参与过村委会选举	270	45.2
参与过产业协会、技术咨询和服务等相关活动	150	25.1
参与过文化娱乐活动	194	32.5
参与过社区设施建设	43	7.2
参与过社区公益活动	206	34.5

续表4-11

参与活动	频数	个案百分比（%）
参与过其他活动	11	1.8
没有参与过任何活动	140	23.5

在最想参与的活动方面（表4-12），表示最想参与"文化娱乐活动"的人数相对最多，比例约为26.6%，也有21.0%的调查对象"不想参与任何活动"，同时分别有18.6%和16.8%的分别最想参与"社区公益活动"和"产业协会、技术咨询和服务等相关活动"，有10.9%的调查对象最想参与"村委会选举"，最想参与"社区设施建设"和"其他活动"的调查对象人数比例相对较低，分别为5.3%和0.9%。

表4-12 最想参与的社区活动（$N=571$）

参与活动	频数	百分比（%）
村委会选举	62	10.9
产业协会、技术咨询和服务等相关活动	96	16.8
文化娱乐活动	152	26.6
社区设施建设	30	5.3
社区公益活动	106	18.6
其他活动	5	0.9
不想参与任何活动	120	21.0

（四）参与能力

本调查还通过参与能力符合度自评指标考察了居民参与能力状况，表4-13结果显示，在自评中，对"我有能力参与社区活动"状况符合度表示符合（含"非常符合"和"比较符合"）者比例达51.4%，同时有约35.1%的调查对象表示能力符合度"一般"，分别有12.0%和1.5%的调查对象表示自己"不太符合"和"不符合"。

表4-13 居民参与能力符合度自评状况（%）（$N=590$）

	非常符合	比较符合	一般	不太符合	不符合
频数	109	194	207	71	9
百分比（%）	18.5	32.9	35.1	12.0	1.5

二、居民参与状况的个体特征差异

(一)参与意识的个体特征差异

分析结果(表4-14)显示:虽然样本中性别、年龄、受教育程度、婚姻状况和居住年限与参与意识具有相关关系,但总体这些特征不同者的参与意识状况并不存在显著差异(没有通过假设检验)。而职业不同的者、乡村振兴了解度不同者和乡村振兴关注度不同者,其参与意识状况存在显著差异,具体而言,"公务员""其他职业者""务农并打工""离、退休"者参与意识相对更强,"失业、待业"者的参与意识相对最弱;乡村振兴了解度和乡村振兴关注度变量与参与意识呈现正相关关系,对乡村振兴越了解、越关注,参与意识更强。

表4-14 不同特征者参与意识状况差异(%)($N=589$)

		参与意识					
		非常强	较强	一般	较弱	很弱	
性别	男	32.6	37.8	29.2	0.4	0.0	$P>0.05$
	女	36.5	37.9	25.1	0.5	0.0	
年龄	18~24岁	25.0	35.0	40.0	0.0	0.0	$P>0.05$
	25~64岁	36.5	37.5	25.5	0.5	0.0	
	65岁及以上	25.0	45.0	30.0	0.0	0.0	
受教育程度	不识字或识字很少	31.6	52.6	15.8	0.0	0.0	$P>0.05$
	小学	25.8	40.0	34.2	0.0	0.0	
	初中	41.0	34.6	23.1	1.3	0.0	
	高中/中专/技校	31.9	40.7	27.4	0.0	0.0	
	大专及以上	39.7	32.8	27.5	0.0	0.0	
婚姻状况	未婚	29.2	39.6	31.2	0.0	0.0	$P>0.05$
	已婚	34.2	38.1	27.2	0.5	0.0	
	离异	69.2	15.4	15.4	0.0	0.0	
	丧偶	27.8	44.4	27.8	0.0	0.0	

续表4-14

		参与意识					
		非常强	较强	一般	较弱	很弱	
职业	公务员	33.3	66.7	0.0	0.0	0.0	$P<0.05$
	企事业单位人员	23.1	46.1	30.8	0.0	0.0	
	自己做生意	23.6	38.2	38.2	0.0	0.0	
	务农	27.8	36.1	35.4	0.7	0.0	
	务农并打工	49.5	38.6	10.8	1.1	0.0	
	打工	30.9	40.7	28.4	0.0	0.0	
	离、退休	37.5	37.5	25.0	0.0	0.0	
	失业、待业	17.4	39.1	43.5	0.0	0.0	
	其他	66.7	23.8	9.5	0.0	0.0	
居住年限	5年以下	27.3	45.4	27.3	0.0	0.0	$P>0.05$
	5～10年	29.2	25.0	45.8	0.0	0.0	
	10年以上	35.0	38.4	26.1	0.5	0.0	
乡村振兴了解度	非常了解	55.6	38.9	5.5	0.0	0.0	$P<0.01$
	比较了解	47.4	45.6	7.0	0.0	0.0	
	一般	38.6	33.4	28.0	0.0	0.0	
	不太了解	25.7	34.3	39.0	1.0	0.0	
	不了解	21.3	48.0	29.4	1.3	0.0	
乡村振兴关注度	非常关注	73.5	20.5	6.0	0.0	0.0	$P<0.01$
	比较关注	39.7	45.2	15.1	0.0	0.0	
	一般	15.2	40.5	43.7	0.6	0.0	
	不太关注	14.9	34.1	48.9	2.1	0.0	
	不关注	30.0	50.0	20.0	0.0	0.0	

（二）参与意愿的个体特征差异

分析结果（表4-15）显示：年龄、受教育程度、婚姻状况和居住年限变量与参与意愿虽在样本中存在相关关系，但总体中此类不同特征者的参与意愿并不存在显著差异（没有通过假设检验）。性别、职业、乡村振兴了解度和乡村振兴关注度不同者，其参与意愿存在显著差异，具体而言：男性、"其他职业""务农并打工""离、退休"者的参与意愿相对更强，"自己做生意"和

"失业、待业"者的参与意愿相对较低;对乡村振兴的相关信息了解越多、关注度越高,其也相对更愿意参与到本地的乡村振兴中。

表 4-15 不同特征者参与意愿状况差异(%)(N=595)

		参与意愿					
		非常愿意	比较愿意	一般	不太愿意	不愿意	
性别	男	43.1	31.8	21.7	3.1	0.3	$P>0.05$
	女	33.9	36.4	21.7	7.6	0.4	
年龄	18~24 岁	34.1	29.3	26.8	9.8	0.0	$P>0.05$
	25~65 岁	40.0	33.2	21.2	5.2	0.4	
	66 岁及以上	33.3	42.0	21.8	2.9	0.0	
受教育程度	不识字或识字很少	26.7	50.0	20.0	0.0	3.3	$P>0.05$
	小学	36.4	37.0	19.3	6.7	0.6	
	初中	45.0	29.1	21.4	4.5	0.0	
	高中/中专/技校	35.0	35.0	27.1	2.9	0.0	
	大专及以上	36.4	33.7	20.8	9.0	0.0	
婚姻状况	未婚	46.3	31.3	19.4	3.0	0.0	$P>0.05$
	已婚	33.6	35.2	21.9	5.9	0.4	
	离异	66.6	16.7	16.7	0.0	0.0	
	丧偶	42.8	28.6	28.6	0.0	0.0	
职业	公务员	0.0	0.0	100.0	0.0	0.0	$P<0.05$
	企事业单位人员	25.0	50.0	25.0	0.0	0.0	
	自己做生意	32.1	18.8	32.1	17.0	0.0	
	务农	33.7	37.2	25.0	3.1	0.5	
	务农并打工	47.0	32.6	16.7	3.7	0.0	
	打工	33.0	42.0	19.6	4.5	0.9	
	离、退休	56.2	21.9	18.8	3.1	0.0	
	失业、待业	21.2	39.4	24.2	15.2	0.0	
	其他	74.2	22.6	3.2	0.0	0.0	
居住年限	5 年以下	50.0	33.3	16.7	0.0	0.0	$P>0.05$
	5~10 年	47.1	14.7	29.4	8.8	0.0	
	10 年以上	38.1	35.2	21.2	5.1	0.4	

续表4－15

		参与意愿					
		非常愿意	比较愿意	一般	不太愿意	不愿意	
乡村振兴了解度	非常了解	90.9	9.1	0.0	0.0	0.0	P<0.01
	比较了解	63.1	32.1	4.8	0.0	0.0	
	一般	38.7	34.3	23.8	3.2	0.0	
	不太了解	25.9	31.1	31.1	11.9	0.0	
	不了解	25.5	43.4	22.6	6.6	1.9	
乡村振兴关注度	非常关注	86.8	12.3	0.9	0.0	0.0	P<0.01
	比较关注	50.8	44.6	4.6	0.0	0.0	
	一般	16.4	38.8	43.9	0.9	0.0	
	不太关注	3.3	21.7	35.0	38.3	1.7	
	不关注	13.3	26.7	13.3	40.0	6.7	

（三）参与内容的个体特征差异

分析结果（见表4－16）显示：居住年限不同者在参与内容上并不存在显著差异（没有通过假设检验）。性别、年龄、受教育程度、婚姻状况、职业、乡村振兴了解度和乡村振兴关注度不同者，参与内容存在显著差异。

表4－16　不同特征者参与内容状况差异（％）（$N=597$，响应次数$=1014$）

		参与内容							
		村委会选举	产业协会、技术咨询和服务等	文化娱乐活动	社区设施建设	社区公益活动	其他活动	没参与任何活动	
性别	男	47.3	33.3	30.8	8.4	32.5	2.1	22.4	P<0.01
	女	44.4	18.2	35.0	5.6	34.1	0.9	28.0	
年龄	18～24岁	17.5	5.0	27.5	5.0	25.0	0.0	47.5	P<0.01
	25～65岁	48.2	30.6	32.6	7.3	36.0	1.9	23.6	
	65岁及以上	52.4	7.1	38.1	7.1	16.7	0.0	16.7	

续表4-16

		参与内容							
		村委会选举	产业协会、技术咨询和服务等	文化娱乐活动	社区设施建设	社区公益活动	其他活动	没参与任何活动	
受教育程度	不识字或识字很少	57.9	10.5	31.6	5.3	26.3	0.0	26.3	$P<0.01$
	小学	43.4	22.1	29.5	2.5	25.4	1.6	27.0	
	初中	57.2	35.8	38.4	8.8	40.9	1.9	15.1	
	高中/中专/技校	31.5	23.9	32.6	10.9	27.2	0.0	34.8	
	大专及以上	39.0	16.9	25.4	6.8	40.7	3.4	32.2	
婚姻状况	未婚	20.8	6.2	29.2	4.2	22.9	0.0	52.1	$P<0.01$
	已婚	47.6	28.5	33.9	7.5	34.1	1.6	22.3	
	离异	61.5	53.8	30.8	7.7	61.5	7.7	7.7	
	丧偶	66.7	11.1	22.2	5.6	22.2	0.0	22.2	
职业	公务员	33.3	66.7	0.0	0.0	66.7	0.0	0.0	$P<0.01$
	企事业单位人员	53.8	7.7	23.1	15.4	15.4	0.0	30.8	
	自己做生意	50.0	11.8	11.8	0.0	26.5	8.8	35.3	
	务农	45.6	32.2	33.6	5.4	28.9	1.3	23.5	
	务农并打工	50.5	44.1	48.4	6.5	49.5	1.1	15.1	
	打工	30.5	14.6	36.6	8.5	37.8	1.2	34.1	
	离、退休	68.8	6.2	21.9	9.4	6.2	0.0	25.0	
	失业、待业	34.8	8.7	8.7	13.0	17.4	0.0	39.1	
	其他	54.5	27.3	31.8	13.6	50.0	0.0	13.6	
居住年限	5年以下	36.4	27.3	18.2	18.2	54.5	9.1	36.4	$P>0.05$
	5～10年	44.0	32.0	20.0	8.0	32.0	0.0	36.0	
	10年以上	46.3	25.8	34.0	6.7	32.8	1.4	24.1	
乡村振兴了解度	非常了解	72.2	44.4	33.3	11.1	33.3	11.1	11.1	$P<0.01$
	比较了解	72.6	50.0	50.0	12.9	59.7	1.6	4.8	
	一般	40.5	27.4	31.6	7.4	32.1	1.6	27.9	
	不太了解	41.5	19.8	18.9	4.7	24.5	0.0	36.8	
	不了解	37.3	8.0	41.3	4.0	26.7	1.3	21.3	

续表4-16

		参与内容							
		村委会选举	产业协会、技术咨询和服务等	文化娱乐活动	社区设施建设	社区公益活动	其他活动	没参与任何活动	
乡村振兴关注度	非常关注	82.1	53.6	40.5	9.5	54.8	1.2	8.3	$P<0.01$
	比较关注	45.0	28.9	44.3	11.4	45.6	1.3	13.4	
	一般	34.2	15.5	21.1	4.3	18.0	1.9	38.5	
	不太关注	23.4	10.6	21.3	0.0	10.6	2.1	48.9	
	不关注	50.0	0.0	40.0	0.0	20.0	0.0	10.0	

（四）参与能力的个体特征差异

分析结果（见表4-17）显示：性别和居住年限不同者，对参与能力符合度的自评状况不存在显著差异。年龄、受教育程度、婚姻状况、职业、乡村振兴了解度和乡村振兴关注度不同者，其对参与能力符合度的自评存在显著差异，具体而言：年龄特征层面，"25~65岁"者对自己的参与能力自我评价更高，65岁以上老年人参与能力自我评价相对较低；受教育程度特征层面，受教育程度越高者，参与能力自我评价越高；婚姻状况层面，"离异"者参与能力符合度自评最高，其次是"未婚"和"已婚"者，"丧偶"者参与能力符合度自评最低；职业特征上，"公务员""其他职业"和"企事业单位人员"者对自己参与能力符合度评价更高，"失业、待业"者对自己参与能力符合度评价最低；其他特征层面，对乡村振兴的相关信息了解越多、关注度越高，其也相对更认为自己有足够的能力参与到乡村振兴中。

表4-17　不同特征者参与能力状况差异（%）（$N=590$）

		参与能力符合度自评					
		非常符合	比较符合	一般	不太符合	不符合	
性别	男	17.5	33.7	36.1	11.4	1.3	$P>0.05$
	女	19.6	32.1	33.8	12.7	1.8	
年龄	18~24岁	19.5	22.0	46.3	12.2	0.0	$P<0.01$
	25~65岁	20.2	35.8	33.1	9.9	1.0	
	66岁及以上	6.1	18.2	42.3	27.3	6.1	

续表4-17

		参与能力符合度自评					
		非常符合	比较符合	一般	不太符合	不符合	
受教育程度	不识字或识字很少	6.7	6.7	30.0	43.3	13.3	$P<0.01$
	小学	16.7	19.7	42.0	20.4	1.2	
	初中	17.8	43.8	28.8	8.2	1.4	
	高中/中专/	16.7	38.2	41.2	3.9	0.0	
	大专及以上	31.2	32.5	32.5	3.8	0.0	
婚姻状况	未婚	28.4	25.4	40.2	6.0	0.0	$P<0.01$
	已婚	17.0	34.5	35.5	12.0	1.0	
	离异	33.3	44.5	11.1	11.1	0.0	
	丧偶	9.5	9.5	28.6	33.4	19.0	
职业	公务员	0.0	100	0.0	0.0	0.0	$P<0.01$
	企事业单位人员	25.0	50.0	50.0	0.0	0.0	
	自己做生意	24.5	26.4	47.2	1.9	0.0	
	务农	16.0	23.8	48.2	10.4	1.6	
	务农并打工	12.3	55.7	16.0	14.5	1.5	
	打工	19.8	32.4	35.2	28.1	0.0	
	离、退休	15.6	18.7	25.0	.28.1	12,5	
	失业、待业	12.1	21.2	51.5	15.2	0.0	
	其他	54.8	25.8	9.7	9.7	0.0	
居住年限	5年以下	25.0	33.3	41.7	0.0	0.0	$P>0.05$
	5~10年	0.0	50.0	37.5	12.5	0.0	
	10年以上	19.4	31.9	34.8	12.3	1.6	
乡村振兴了解度	非常了解	73.9	8.8	13.0	4.3	0.0	$P<0.01$
	比较了解	35.0	50.0	15.0	0.0	0.0	
	一般	16.3	39.0	38.6	5.7	0.4	
	不太了解	11.1	28.9	47.4	10.4	2.2	
	不了解	8.5	16.0	31.2	39.6	4.7	

续表4－17

<table>
<tr><th colspan="2" rowspan="2"></th><th colspan="5">参与能力符合度自评</th><th rowspan="2"></th></tr>
<tr><th>非常符合</th><th>比较符合</th><th>一般</th><th>不太符合</th><th>不符合</th></tr>
<tr><td rowspan="5">乡村振兴关注度</td><td>非常关注</td><td>29.0</td><td>54.2</td><td>10.3</td><td>5.6</td><td>0.9</td><td rowspan="5">$P<0.01$</td></tr>
<tr><td>比较关注</td><td>27.6</td><td>37.5</td><td>21.9</td><td>10.9</td><td>2.1</td></tr>
<tr><td>一般</td><td>10.6</td><td>26.4</td><td>51.4</td><td>11.6</td><td>0.0</td></tr>
<tr><td>不太关注</td><td>1.7</td><td>11.7</td><td>63.2</td><td>21.7</td><td>1.7</td></tr>
<tr><td>不关注</td><td>6.7</td><td>0.0</td><td>33.3</td><td>40.0</td><td>20.0</td></tr>
</table>

三、统计分析结论

第一，通过对单变量描述性统计的分析发现：总共约有72.3%的调查对象参与意识呈现为"非常强"和"较强"，仅约0.5%的调查对象参与意识"较弱"，可见居民参与意识状况相对较好。在参与意愿方面，超过七成的调查对象愿意参与到乡村振兴中，但同时仍然有近5.2%的调查对象"不太愿意"参与；在参与内容方面，调查对象中每人平均参与过2类活动，参与"村委会选取""社区公益活动"和"文化娱乐活动"的调查对象比例相对较高，有一定比例的调查对象参与过"产业协会、技术咨询和服务等相关活动"，但也有接近15%的调查对象"没有参与过任何活动"；在参与能力方面，超过51%的调查对象认为自己有能力参与到乡村振兴中，约35.1%左右的调查对象表示自己的参与能力一般，还有13.5%的调查对象对自己的参与能力评价相对不高。

第二，通过双变量推论统计分析发现：总体中性别、年龄、受教育程度、婚姻状况和居住年限5个变量与参与意识均不存在显著的相关性；年龄、受教育程度、婚姻状况和居住年限4个变量与参与意愿不存在显著的相关性；居住年限1个变量与参与内容不相关；性别和居住年限2个变量与参与能力不相关；职业不同者、乡村振兴了解度不同者、乡村振兴关注度不同者，在参与意识、参与意愿、参与内容和参与能力状况上均存在显著差异。

第五章 四川乡村振兴进程中农村居民参与的问题及其原因

第一节 问题分析

一、参与意识往往停留在人情层面，参与认知有待强化

从本次调查设计的几个有关参与意识问题的描述性统计分析结果来看，大部分居民的参与意识状况相对较好，但同时也有相当比例的居民在对四个问题的回答表现出模棱两可或负向选择。结合表4-2～表4-5分析，分别有27.3%、30.0%、34.1%的居民对"社区发展离不开我们的参与""我们有责任和义务参与"和"如果村里需要我帮忙，我会尽力"三个观点认同为"一般"。在访谈中发现，有些居民表示"没考虑过这个问题"，或者"与生活好像不太有关系"。在负向指标"我觉得参与对我没好处"回答上，有约31.5%的人表示不确定"一般"，认同此观点的居民比例为16%（含"非常认同"和"比较认同"），可以认为部分居民的主观认知仍需进一步提升。

"村里如果有些事情需要大家一起去做，我可能会去，为什么？靠关系吧，帮帮忙。……至于什么具体的好处，说不清楚，又不能来钱，帮帮忙。"（访谈资料整理011701）

"个人觉得大家都能去帮忙，肯定要好些，大家齐心合力，办事情肯定好些，我想我也会去，你说什么责任，我觉得没有吧，这个毕竟没有什么规定，大家还是帮帮忙吧，你又不能硬要我过去，看心情吧，我觉得没什么非要去参加的，很多道理我懂，说是这么说，毕竟

我们住这里，谁不希望自己住的地方好啊，但关键各自过好生活就行了嘛，我很忙的，你也不能要求我非去不可吧。"（访谈资料整理011902）

综上所述，虽然大部分居民能够具备一定的参与意识，但从部分访谈资料可以看出，一部分居民往往对居民参与社区公共事务具有片面的理解，在参与意识上具有不完整的认知。这一困境表现在，居民将参与公共事务仅视为在熟人社会中的人情往来，或是仅仅遵守周围居民所认同的参与行为，然而忽略了居民参与真正的内涵与意义，对互惠共利的集体行动存在着价值认知和责任感知的一定的欠缺，居民的参与意识亟须进一步提升。

二、参与存在搭便车现象，居民主人翁意识有待增强

曼瑟尔·奥尔森的搭便车理论认为，集体行动的成果具有公共性，全体成员都能从中获益，包括那些没有参与分担集体行动成本的成员，由此可能引发"搭便车"的投机心理与行为。[1] 从居民对乡村振兴项目上的参与意愿状况调查结果可知（表4-8），虽然表示愿意参与乡村振兴者比例约为60.1%，然而仍有31.7%的居民作出了中性回答，8.2%的居民对该公共事项的参与表示了负向态度。同时，根据不同特征者的参与意识差异划分结果来看（表4-14），在职业层面上的差异很好地反映了这一参与困境，被调查者具有公务员、企事业单位的职业属性在居民参与上有较强的参与意识，社区治理在公共事项的达成效用层面具有排他性的特点，也就是说，居民自身参与动力不足，即便他人参与并为之付诸努力，未参与的个人仍可以受益。

"像这种大事都自会有人负责的，哪轮得到我们这些老百姓出力。这个有什么规定我必须去吗？你喊我我还是要走的……有些人热心肠就去了，没必要要求我们这些糊口的……我们还是希望有人去做这些事情。"（访谈资料整理011904）

在对居民的访谈中也表示，部分居民以高度的主动性参与其中，并付出时间和精力，然而也存在一部分居民存在对公共事务的错误理解，或认为过于繁

---

[1] ［美］曼瑟尔. 奥尔森. 集体行动的逻辑 [M]. 陈郁, 等译. 上海：三联书店，1995.

琐而影响自身生活便利，通常倾向于期望他人去担当起部分公共职责的角色，自身在治理主体上的主人翁意识有待进一步的唤醒，以达到增强居民参与意识的成效。

三、实际参与内容单一，居民参与面较窄

结合前述调查结果及分析发现，在当前社区常设 6 类活动事项中，居民平均参与的活动不足 2 项，居民能够在社区已开展的公共活动中有效参与公共事项角度较为单一，主要集中在"参与过村委会选举"（表 4—11），且该比例不足 46%；在一般印象中，农村居民可能会参与较多的文化娱乐类活动层面，却也仅有 32.5% 的居民表示参与过，同时社区开展的产业技术支持项目，居民参与比例也仅仅达到了 25.1% 的低水平参与。从居民参与活动的内容类型上可以看出，本次调研的居民参与社区公共事务角度较为单一化，主要集中在村委会选举上，对社区的文化、设施、经济建设的主题活动参与度较低，居民能够有效参与社区事务面较窄。

"参加过什么活动啊，主要就是大家热闹热闹吧，要没有空肯定也不会参加啊，见不着实际的好处，大家也都不太想参加你说的那些活动，没什么意思，估计以后有些技术培训什么的，可能会有人参加一下，有的活动村干部也会说，去的人估计不会太多吧。"（访谈资料整理 011803）

居民的访谈结果均表示自己参与过的活动类型较少，均为文化娱乐活动，其中有人表示自己可能会在宣传动员的基础上参加一些技能培训类的活动。对上述访谈资料也可以看出，部分居民对社区公共活动开展的认知较为单一，由此其能够有效参与的活动类型较少，居民参与面较窄，对居民参与角度起到一定的制约效应。

四、居民参与主体分化现象突出，主体覆盖面不足

在本次调查设计中，考虑到居民的实际参与状况受到个体自然和社会特征的差异而表现出的在居民参与相关问题上的差异性特征，对一些带有明显主体特征的因素作为指标进行调查，结果表示（表 4—15），"25~65 岁"参

与主体表现出与其他年龄阶段参与主体相比更强的社区参与意愿，在参与意识的选项上也占74%的人数比例。同时，在个体的职业特征调查上，"其他"职业者具有的参与意识在总体职业群体划分上达到参与意愿最强，在参与意愿"非常愿意"这一选项上，有47.0%的务农打工居民选择该选项，离、退休居民在此选项上做出选择的比例也有56.2%。由此可以看出，在社区公共事务的参与主体划分上，主要参与主体为常住中老年参与主体，而外出务工、经商参与主体社区参与意识比较薄弱。这部分社区主体没有意识到作为社区的主人和群体中的一员应该尽一份责任和义务，有些人甚至处于漠视的状态。

"都是些老年人才有这些时间做这些事情，像我们，根本没有时间去做，我可以喊我家里的婆婆爷爷去，平时多和他们说些，多积极的。我反正很少去。"（访谈资料整理011806）

综上，部分社区居民主体对社区基层民主政治不关心甚至不配合，虽然他们居住在本社区，但是参与的只有居委会和极少数人，无法积极参与到社区建设中去，提高这部分居民主体的社区参与度，方能达成多元主体协同参与的社区治理格局，形成人人参与、人人享有、人人负责的社区治理格局。

五、居民参与程度较低，参与能力有待提升

在居民自主选择参与活动类型的调查层面上，当被问及"最想参与的活动"时（表4-12），最想参与"文化娱乐活动"者比例最高，约26.6%，"社区公益活动""产业协会、技术咨询和服务等相关活动"等比例分别为18.6%和16.8%，想参与"村委会选举"比例10.9%，最想参与"社区设施建设"者为5.3%，而"不想参与任何活动"的居民比例近21.0%。这不仅从侧面印证了居民愿意参与社区公共事务的人数较为有限，同时在居民参与能力要求较高的事项上，居民表现出参与意愿普遍较低，如对乡村振兴的参与意愿状况中（表4-8），31.7%的居民表示意愿"一般"，同时有约8.2%的居民不太愿意（含"不太愿意"和"不愿意"）参与到乡村振兴中去。同时，结合表4-13分析发现，有35.1%的居民对自己当前参与能力符合度自评"一般"，还有约13.5%的居民对自己的参与能力符合度评价不能符合（含"不太符合"和"不符合"），一些居民的受教育水平较低，相关知识技能缺乏，对一些活动接受能

力有限，表现出在部分事项上参与能力较弱的状况，同时也制约了其主动参与的意愿。

由此也充分说明了居民实际参与社区公共事项的程度仅停留在表面，未能对社区活动进一步有所体验，对社区建设类、居民赋能类型的项目参与程度较低，导致了居民实际参与程度较低这一困境。

"好不容易技术员来做一次培训，讲的都听不懂，实际做我们可能都会哦，但有些东西确实不会，也学不来，谁叫我们文化水平低呢，这样大家下次可能都不是太想来了，知道可能有用，但学不来还来什么啊"（访谈资料整理011804）

综合调查结果可知，在社区广泛开展的各类型活动中，居民参与的角度较为单一，主动参与的事务更多集中于简单娱乐等，对实际能反映出参与能力的提升类型活动参与程度较低，部分居民存在受到参与能力限制的参与困境，由此对社区活动的参与浅尝辄止。

六、参与途径信息不对称，社区—居民参与互动不强

社区需要在对居民需求进行充分调研后，从社区居民需求出发，及时合理地开展各类活动，为居民提供参与的途径与平台，将居民参与需求与社区提供途径有效对接成为居民参与互动机制，从而扩大居民参与面，有效推动居民参与。在此方面，表5-1统计结果显示，表示喜欢目前自己所在村组织的各类活动（含"非常喜欢"和"比较喜欢"）的居民比例接近半数，但同时约有42.8%的人表示"一般"，表示不喜欢（含"不太喜欢"和"不喜欢"）者比例有7.4%。从居民对"我很想参加社区活动，但目前这些活动很少"的状况评价分析来看，表5-2结果显示，超过37.5%的人（非常符合和比较符合）表示虽然很想参与社区活动，但目前此类活动很少，还有超过44.1%的人对此类状况表示一致。

表5-1 村/社区组织的活动喜爱度（$N=596$）

	非常喜欢	比较喜欢	一般	不太喜欢	不喜欢
频数	151	146	255	34	10
百分比（%）	25.3	24.5	42.8	5.7	1.7

表5-2 "我很想参加社区活动，但目前这些活动很少"状况评价（$N=592$）

	非常符合	比较符合	一般	不太符合	不符合
频数	106	116	261	104	5
百分比（%）	17.9	19.6	44.1	17.6	0.8

"我们这也有夜校，大家没事的话就可以来，村干部也组织动员过，你要我说效果，不好说，就识那么几个字，能有啥效果，大家聊聊天，忙就不去了，学不来啊。总共也不是太多，我去过几次，后面没怎么去，凑人数的。"（访谈资料整理011902）

"我的文化水平在村里算高的，参与能力？要看什么活动了，文化程度高也不敢说啥都行吧，多去几次，可能也就熟了吧，不好说，我觉得自己接受能力还行吧，这里组织的培训啊，肯定没城里的多，效果怎么样其实都不好说。"（访谈资料整理011901）

根据上述统计结果及部分访谈结果可知，当前组织开展的部分活动并不能有效对接居民对社区事务的参与需求，在社区常设公共活动中能够有效参与的比例较低，尤其表现在对社区建设及社区公益项目上的信息缺乏，在开展的信息交流与社区信息资源共享上存在一定的漏洞，居民之间信息不能有效流动与共享，由参与信息不对称所导致的参与机制亟须得到更佳的循环。

第二节　原因分析

一、居民社区认同程度较低

促进社区参与的关键在于居民在参与社区公共事务时有效达成共识进而产生认同，从而激发居民自发参与集体行动的动力，保障社区治理的顺利推行。在农村熟人社会下，居民参与还可以更多地依靠人情世故和文化习俗来动员和保障，但随着大量的农村劳动力外流，传统的农村社区结构已经发生了悄然变化，同时，从农村到城市的户籍身份的转变并不足以使其对新的身份产生强烈的认同感，加之在现代经济理性的文化冲击下，多元主体的利益诉求矛盾导致人与人之间的关系变得逐渐疏离，原有熟人社会中稳固的相互信任感正在瓦解。这会导致居民对于社区公共事务的决策倒向负面倾向，抱有"各人自扫门前雪，莫管他人瓦上霜"的意识，以安居乐业为头等大事，仅专注于对家庭事务的关注和亲朋好友的礼尚往来，公民参与的义务反成为一种负担，对本地公共事务的参与有天然的"冷漠感"，参与意识和参与意愿水平普遍较低。

二、居民参与价值感知层次单一

实现社区治理良好发展。首先，需要居民自主参与社区公共事务，这一途径的实现需要在居民对公共事务做出一定的价值判断的基础上，对公民德行做出相应程度上的明确认知与主动监督，这样的价值感知会刺激到居民的积极参与心理倾向，由此产生行为意愿，引导其行为的实践。其次，结合自身所拥有的社会资源与生产要素，对社区公共事务产生自发性的兴趣，从一定组织的社区活动中激发出对居民参与的主观意愿。最后，在居民价值判断的驱动下对社区事务做出积极参与的表现。然而在现代性充斥的今天，理性选择成为人们的首要价值取向，在熟人社会中获得的资源如认同感、归属感随之弱化，追逐物质利益成为陌生人社会的主要目标，从而将居民价值感知层次压缩为单一的个人，无法感知公共事务的有用性及互惠共利的集体行为效用本身。

三、居民参与缺乏典型示范

作为非正式机制，典型示范利用先进人物的事迹能够有效完善社区民风建设，引导居民自觉参与社区治理。一个建设完善、资源充足的示范基地能够将组织与居民有效联结起来，在传递社区信息并形成示范具有非常重要的作用。居民的社区公共活动存在示范效应，区域内公共参与度较高的居民会带动公共参与度较低的居民，此时即使居民本身参与意识并没有变化，也会在参与网络社交活动的过程中增强自身参与意识，抓住其中进步内容，这有利于整体参与意识不平等状况的改善。然而在社区规范建设上的匮乏，未能充分利用基层组织架构的群众基础，忽略村规民约、乡风文明对居民参与行为的引导、约束作用。树立居民参与实践典型示范，造成了社区内社会文化氛围相对较差，居民参与公共事务的交流互动和经验分享渠道受限，无法通过示范效应带动部分居民个人思想意识，发挥示范的引导作用。

四、居民参与动员机制待优化

居民社区持续性参与需要良好运行的动员机制，社区缺乏激励居民参与的可持续激励机制，对动员居民参与社区建设造成了一定程度的掣肘。社区建设奖惩激励制度尚处于待完善或试行阶段，没有真正形成规模效应。究其原因，一方面是投入不够。由于财力所限，街道在城市建成区投入较农村地区更多，虽然在农村地区乡村振兴方面也有投入，但更多放在产业发展、基础设施建设方面，在社区治理方面投入较少，导致社区建设更多采取的是精神激励，物质激励相对较少，而农村居民大多更加看重物质激励，调动农村居民参与农村社区建设的积极性较为困难。另一方面是奖惩激励机制有待进一步健全完善。由于采取的激励投入较少，基层思考奖惩激励机制、措施也不够有力，既缺乏激励，又缺乏约束手段，是导致居民参与社区建设积极性不高的关键因素。

五、村民自治组织能力建设滞后

理论上而言，村委会这一村民自治组织本身就是农村居民参与的结果，但从现实看，目前我国农村村/居委会一直沿着行政化方向发展，权力治理的现象十分普遍，就导致一是村民自治能力弱化，二是在新时代乡村振兴背景下，在农村由封闭到开放，由熟人社会到"半熟人社会"的转变格局下，单靠村/居委会采用行政化手段明显地组织和动员已经很难真正有效地激发广大农村居民的参与。此外，农村的社区自组织发育还不成熟，自身组织和管理能力较差，也缺乏有经验的领导人才，加之本身的行政化取向导致的内生性发展能力不足，也很难有效对居民广泛参与形成补充。

六、居民参与制度保障体系不完善

目前我国农村原有的参与机制已经不能适应当前的经济社会发展状况，直接制约了农村居民参与。一是法律保障机制不完善，目前仅有一部《农村村民委员会组织法》来保障农村居民的政治参与，但在乡村振兴和社区治理的背景下，农村居民对本地公共事务的参与缺乏有效的法律保障，居民对公共事务的参与权等都没有明确的法律规定。二是参与机制不健全，长期以来，我国农村主要的居民参与建设集中在政治参与方面，传统的宣传动员机制本身就容易造成居民被动参与的局面，在乡村振兴背景下，居民是社区治理的主体，但尚没有一套完善的涉及公共事务方方面面的参与机制来激发居民的参与。三是在城乡二元分割的格局下，农村公共产品供给水平相对较低，基础设施建设和教育医疗水平相对较低，社会保障水平相对不高，居民还在为生计打拼的时候，很难有意识地广泛参与到社区治理中。

第六章　农村居民参与乡村振兴的激励机制构建研究

通过前述分析，本书对乡村振兴进程中农村居民参与的状况、特征、问题及原因进行了一定的认识和把握。当前，农村地区居民参与乡村振兴存在动机不足、范围狭窄、内容单一等诸多问题。研究认为，当前我国农村既定的以政治号召为主的居民参与和动员机制已经不能满足农村当前社会实际和乡村振兴对居民参与的内在需求，需要构建一套符合新时代新要求的，激发农村居民广泛参与到乡村振兴中的激励机制。

第一节　激励机制构建的基本内涵

自 2023 年起，我国正式进入乡村振兴战略的第二个五年阶段。与第一个五年阶段主要关注外部"输血"与内部"止血"不同，第二个五年阶段更加注重提升农村地区的自主发展能力，激发乡村内生动力，强调构建"自我造血"机制。振兴乡村，关键在"人"。农村居民是农村社区发展的主体力量，更是乡村全面振兴的生力军。因此，如何构建一套有效的激励机制，动员、组织和保障居民积极参与农村社区治理和建设，持续发展和培育好乡村振兴的"种子"，成为当前农村社区参与困境的关键破解之道。

农村居民参与激励机制的直接目标在于解决我国农村社区发展中居民参与度不足的问题。该机制的构建不应该是针对某一环节的简单修补，而应该从整体性结构出发，进行系统性的配套改革。推动农村社区的可持续发展和乡村振兴是构建农村居民参与激励机制的核心。要着重摆脱当前农村社区居民参与困境，缩小城乡居民社区参与差距，以乡村振兴服务为目的，改善目前我国农村社区在发展过程中面临的居民参与度不足、社区治理体系不完善等问题。

一、激励机制的逻辑进路

农村居民参与激励机制通过政策引导、利益驱动、社会参与和制度保障等一系列制度和政策设计，激发农村居民参与意愿，提高居民参与能力，保障居民参与权益，为乡村振兴提供强大动力。结合许文文等对建构社区治理共同体的路径研究[①]，以及王立剑等的相关研究[②]，本书认为农村居民参与激励机制的构建大致包含动员、运行、保障三个阶段，三个阶段循序渐进又相辅相成。

第一阶段，"利益耦合、人人有责"的动员阶段。居民与社区的互动中，动力起着关键作用。个体的动力源于自我认识的改变，即个人对参与某项活动或事业的认同程度，以及对其所承担的意义和责任的认识。环境的动力则来自外部因素，如社会舆论、政策导向等。个体动力与环境动力共同推动个人参与，农村居民通过角色塑造，提升利他动机和参与意愿。因此，第一阶段的激励机制重在解决"如何激发居民参与"的问题，需要回答居民为什么要参与、参与的动机有哪些类型、居民可以参与什么、居民参与后能获得什么等问题，主要任务是激发农村居民的参与意愿，通过政策引导、宣传教育、典型示范等方式，增强农村居民对参与农村社区事务的认识和意识，提高他们对参与农村社区事务的积极性和主动性，达到居民"我愿意参与"的第一步。此外，还应通过培训、教育、技术支持等手段，提升农村居民的知识、技能和经验，使他们更有能力和信心参与农村社区事务。

第二阶段，"共同行动、人人尽责"的运行阶段。在具体运行阶段的服务设计和资本支持方面，供给和组织起着决定性作用。社区服务设计应着眼于满足农村居民需求，提高参与效果，资本支持则关注如何为社区活动或事业提供物质帮助。良好的供给和组织能够为个人参与提供支持和保障，激发个人的参与热情，提升参与质量。因此，该阶段，激励机制重在解决"谁来激发居民参与"的问题，只有厘清这些参与方分别扮演的角色，以及在什么环节该做什么的问题，才能处理好农村公共产品和服务的供需问题。通过精准定位和以需定供，促进居民自发参与，进一步产生群体效应。明确"谁来激发"的问题后，还需要明确"通过什么激发"的问题，只有配备农村居民社区参与的载体和渠

---

① 许文文，石煊. 利益耦合、共同行动与情感共鸣：社会组织建构社区治理共同体的三阶路径[J]. 公共管理与政策评论，2024，13（1）：68—84.

② 王立剑，邱晓东. 农村互助养老服务可及性的递进机制研究[J]. 北京工业大学学报（社会科学版），2023，23（1）：23—34.

道，赋予居民参与理性行动现实基础，才能使居民在参与过程中能够充分发挥自身能力，实现价值。丰富的参与载体和充足的参与渠道有助于提高参与效度，使居民在参与过程中更加投入。通过组织供给和载体渠道两方面，达到居民"我可以参与"的第二步。

第三阶段，"情感共鸣、人人享有"的保障阶段。在社区协同治理过程中，制度和监督起着保障作用。从单一参与到互动参与的转变，反映了制度从单一向多元的转变，监督机制也从单纯的行政手段向多元化、社会化方向发展。建立和完善农村居民参与农村社区事务的制度和机制，确保他们的参与权利得到有效保障，有助于构建更加公平、透明的居民参与环境，提高协同治理效果。通过责任明晰和制度完善达到居民参与的规模效应和可持续发展。在该阶段，激励机制重在解决"如何持续激发居民参与"的问题，需要回答如何尽可能减少顶层设计到操作执行的"漏斗效应"的问题，助推居民线性参与向互动参与转变，达到居民"我主导参与"的第三步。在此过程中，各方应关注各因素的发展变化，不断调整和完善，以提升居民参与效果，实现乡村振兴逐步有序进行。

二、激励机制的构建原则

构建农村居民参与激励机制，应以党和政府主导为基础，充分发挥基层社区党组织的引导作用，以群众主体为价值理念，以经济利益为杠杆，以政策供给为保障，以农村社区为实践场域。

第一，以党和政府为主导，确保农村居民参与激励机制的构建得到有力的政策支持和组织保障。党和政府始终将农村发展作为国家发展的重要支柱，通过制定相关政策和规划，引导和推动农村居民参与社区建设和发展。例如，党的十九大报告明确提出，要实施乡村振兴战略，加强农村基础设施建设，提高农村公共服务水平，为农村居民参与提供了明确的方向和目标。2024年3月，习近平总书记在湖南考察时，指出推进乡村全面振兴是新时代新征程"三农"工作的总抓手，要深入推进城乡融合发展，壮大县域经济，畅通城乡要素双向流动，科学统筹乡村基础设施和公共服务布局。

第二，基层社区党组织的引导作用不可或缺。社区党组织作为党在农村的基本组织，具有广泛联系群众、了解民情的优势，可以有效地组织和动员农村居民参与社区建设。农村居民参与激励机制构建应当与党组织领导的自治、法治、德治相结合的基层治理体系深度融合，充分激发农业农村发展活力。

第三，以群众主体为价值理念，充分尊重和发挥农村居民的主体地位。农村居民是乡村振兴的主体，他们的积极参与是乡村振兴的重要动力。激励机制在实践中应当注重激发农村居民的自我发展意识和能力，让他们在社区建设中发挥主体作用。在一些基础设施条件较好的农村社区，通过开展农民培训、职业技能教育等活动，提高农村居民的素质和能力，使他们更好地参与社区建设。

第四，经济利益作为激励杠杆，可以有效地调动农村居民的参与积极性。激励机制要设计奖励板块，实践中可以通过给予农村居民一定的经济补贴、优惠政策等，激励他们积极参与社区建设。例如，对于参与社区公共事务的农村居民，可以给予一定的误工补贴，从而激发他们的参与积极性。

第五，政策供给是农村居民参与激励机制的重要保障。政府应当制定一系列有利于农村居民参与社区建设的政策，环环相扣，为居民的常态化参与提供保障。例如，可以制定相关政策，鼓励和支持农村居民参与社区治理、公共事务决策等，使其参与得到有效的保障。

第六，农村社区作为实践场域，对于企业、社会组织和农村居民个人的社区参与行为进行具体量化和赋予一定价值，建立商业激励、政策鼓励和精神勉励相结合的正向引导机制。例如，设立社区参与积分制度，根据各主体的参与行为和贡献，给予相应的积分奖励，从而激发其参与积极性。

总之，构建农村居民参与激励机制，需要充分发挥党和政府的主导作用，强化基层社区党组织的引导功能，坚持以群众主体为价值理念，运用经济利益作为激励杠杆，提供有力的政策供给，并以农村社区为实践场域，建立正向引导机制，从而激发农村居民的参与积极性，推动乡村振兴和社区发展。

此外，构建农村居民参与激励机制，还需坚持"两公两化一持续"原则。

一是公平公正原则。确保激励机制对所有农村居民公平公正，让每个人都有机会参与并分享发展成果。参与激励机制要确保所有农村居民都有平等的参与机会，使他们在乡村发展中充分发挥自身作用，避免因社会地位、经济条件、地域、性别、年龄等因素而产生歧视和不公平现象。

二是多元化激励原则。结合农村居民的物质需求和精神需求，采取多种激励方式，提高他们的参与热情。农村居民参与激励机制在激励方式、激励内容和激励对象上都应体现多元化的特点，要采取多种手段和方式，如政策引导、经济激励、表彰奖励、教育培训等，以满足不同农村居民的需求。

三是差异化激励原则。在不同的地区，由于经济、文化、社会等条件的差异，发展状况和所处的发展阶段不同，居民的素质情况也不尽相同。激励机制的设计和实施应考虑到当地的具体情况和特色,充分尊重发展现状和规律,使之具有灵活性和可操作性。此外,根据农村居民差异性的实际需求和期望,制定差异化的激励措施,从他们最迫切想解决的问题入手,以提高他们参与的积极性。

四是持续激励原则。保持激励机制的持续性和稳定性,让农村居民在整个乡村振兴过程中始终保持积极状态。激励机制应注重长期效果,培养农村居民自我发展、自我管理的能力,确保乡村发展的可持续性。

三、激励机制的实践特性

构建农村居民参与激励机制旨在激发农村居民参与农村事务的积极性,提高他们的参与度和满意度,从而推动农村的可持续发展。构建的农村居民参与激励机制需要满足以下特征:

一是目标性。即明确农村居民参与的目标,确保农村居民的参与能够有效推动乡村振兴战略的实施。该机制以乡村振兴战略为目标,通过激发农村居民的参与热情,推动乡村产业、人才、组织、文化、生态等方面的全面发展。农村居民参与激励机制涵盖农村社区事务的各个方面,包括产业发展、社会事务、文化娱乐、环境保护等。农村居民可以参与到农村旅游、特色产业、农产品营销等经济发展活动中,也可以参与到社区治理、公共卫生、教育文化等社会事务中。

二是主体性。农村居民是激励机制的主体,他们的积极参与是实现机制目标的关键。因此,该机制强调农村居民作为参与的主体,要注重提高农村居民的主体意识,使他们真正成为农村发展的主人翁。农村居民参与激励机制应当覆盖农村各类人群,将民主的"话筒"递到农村居民手中,包括妇女、青年、老人等,使他们都能够参与到农村社区事务中来。此外,激励机制应鼓励农村居民之间的互动与合作,形成良好的乡村发展氛围,共同推动乡村振兴战略的实施。

三是透明性。激励机制的运行过程应保持公开透明,确保农村居民能够清晰了解参与的意义、途径和可能获得的收益,让农村居民了解参与乡村发展的各项政策和措施,提高他们的信任度。农村居民参与激励机制应当根据农村居民的实际情况,设置灵活多样的参与方式,如村民会议、民主评议等形式,并向村民传达到位,避免"一言堂"。

四是动态性。一方面,随着国家战略的调整和社会经济的发展,激励机制应不断优化和完善，以适应新的发展需求。另一方面，参与激励机制应根据农村发展的实际情况和农村居民的需求，不断进行调整和完善，以保持其持续性和有效性，避免一时的热情过后出现参与度下降的情况。

五是渐进性。构建激励机制，应分解目标，按轻、重、缓、急分类，有步骤地实施建设。各村（社区）每一阶段的侧重应有所不同，各个阶段的重点要突出。科学评估，将那些原有发展基础较好的村（社区）选为试点，再将发展前景尚好、可进行功能性开发的地方选为试点中的重点。

六是协同性。在乡村振兴战略背景下，农村居民参与激励机制应与国家的宏观政策和战略目标相一致，与农村其他政策和支持措施相协同，形成合力，共同推动乡村振兴战略的实施。

通过构建具有上述特征的农村居民参与激励机制，提高农村居民的参与度，推动农村治理和发展的民主化、科学化，最终实现乡村振兴战略的目标。在农村居民参与激励机制的构建过程中，政府、企业和社会组织应共同努力，为农村居民提供更多参与乡村发展的机会和平台，确保农村居民的权益得到保障，为乡村振兴战略的实施奠定坚实基础。

第二节　激励机制构建的三重向度

一、以需求导向、利益满足的动力机制为先导

从理性的角度看，居民参与是基于利益需求而来，如果参与在主观或客观上没达到行动者的预期价值，居民的参与意愿就会变得很消极，基于传统政治动员下的被动参与现象将十分普遍，从而严重制约乡村振兴背景下的农村居民参与效果。现有关于社区公众参与的主要分析视角都带有很强的西方理论预设，就中国社区治理结构和社区居民特点看来，基于利益和情感的社区认同是居民参与社区事务的原动力，基于奉献和责任的国家认同将这种社区参与转化为自觉行为。[1] 基于此，农村居民参与的动员机制必须关注到国家认同和社区认同对于居民参与社区事务的双重驱动，通过广泛开展宣传动员、营造良好社

---

[1] 唐有财，胡兵.社区治理中的公众参与：国家认同与社区认同的双重驱动［J］.云南师范大学学报（哲学社会科学版），2016，48（2）：63-69.

区氛围、给予荣誉及物质奖励、制度保障居民在参与中能够获得意义和价值感等，强化农村居民社区参与的持续性动力。

（一）开展宣传动员工作

有学者将居民的社区参与动机分为四类：具有以道德为核心的传统性参与动机、以理性为核心的现代性参与动机、以价值为核心的后现代性参与动机以及以体验为核心的模糊性参与动机。[①] 构建居民参与的动员－激励机制，需要在把握居民的各种参与动机上，遵循模糊动机清晰化、清晰动机内化、内在动机进阶化机理，建立基于认知、关联、信心及满意的激励机制，最终实现持久稳定的深度参与。不少研究表明，宣传规制对于提高农村居民的参与行为效果的作用优于奖惩规制。[②] 因此，应当深入开展宣传动员工作，发挥组织动员优势，让居民能够深入了解参与乡村振兴进程中的社区事务对自身的好处，提升他们对参与乡村振兴预期收益的信心，激发居民的参与意识。

需要注意的是，政策强度太高不利于居民参与行为效果的提升。在开展宣传动员工作时，应把握好宣传的"火候"，着力解决农村交流沟通效率低、成本高及不便捷等问题，并因地制宜，根据村官性质选择不同的规制手段，以大学生村官、非当地居民为主的村干部为主的村庄还是应以奖惩规制为主。

具体而言，一方面，要加强对乡村振兴政策的宣传和解读，通过各种渠道和形式，让居民深入了解乡村振兴的政策内容、实施步骤和预期目标，明确自身在乡村振兴中的权益和责任，提高他们对乡村振兴的认识和理解。以农村居民参与农村基础设施管护为例，应当充分运用村务公开栏、村内广播、电视等居民经常接触的平台对基础设施管理的重要性和管护职责等内容切实做好宣传工作，让"谁受益、谁负责"的观点深入人心，也可以定期进行思想教育培训和技术培训，引导居民积极地、正确地参与管护，保证基础设施"有人建、有人管"。[③]

另一方面，要通过多种形式的宣传和教育活动，增强居民对乡村振兴重要性的认识，让他们深刻理解乡村振兴对自身生活质量、经济发展、社会进步等方面的积极影响，从而提高他们的参与积极性和主动性。不仅要重视传统形式

[①] 梁贤艳，江立华．城市老年人社区参与的动机及激励研究——基于共建共治共享视角［J］．中国特色社会主义研究，2022（4）：53-59.

[②] 李学渊，黄森慰，蔡祖梅，等．政策机制对农村居民环境治理参与行为及效果影响［J］．河北农业大学学报（社会科学版），2023，25（2）：84-94.

[③] 齐娟飞，罗鹏，谈存峰．农户参与农村基础设施管护影响因素分析——基于甘肃省平凉市169户农村居民的调查［J］．云南农业大学学报（社会科学），2022，16（6）：22-27.

的宣传工作，如村集体定期加强与农村居民之间的沟通交流，还要利用电视、广播、网络、宣传册等多渠道发布有关乡村振兴的社会新闻，同时结合新兴媒体渠道，如快手、抖音等短视频方式宣传社区参与的重要性。[①] 也有研究表明，报纸、广播和电视使用情况显著正向促进农村居民参与，而互联网使用情况显著负向影响农村居民参与。[②] 因此，需要线上线下结合宣传动员，以农村居民喜闻乐见的方式创造高质量的内容，注重提高宣传的效果和质量，减少重复性的无效宣传。此外，应注重宣传乡村振兴的成效和典型经验，让居民直观感受到乡村振兴的实际效果，增强他们对乡村振兴的信心和期待，激发他们的参与热情。

充分利用现代信息技术手段，做好动员－激励机制的营造工作，提升居民对乡村振兴的认知度和参与度，为乡村振兴工作的顺利推进提供坚实的群众基础和舆论支持。

（二）营造互助社区氛围

在前期的宣传动员工作的基础上，应当进一步加强居民之间的互动交流，通过"口口相传"，将零散的个体连接成聚合的群体，逐步让居民感觉到社区参与"人人有责"。

打造和谐的社区支持和互助氛围，强化组织、邻里、同辈等社区内部对居民的各种社会支持，使居民能够有效利用社区内部资源进行社会资本建设，满足利益需求，增强居民对社区的认同感和归属感，从而调动居民参与的积极性。研究表明，邻里效应对农村居民的参与行为具有重要影响。[③] 可以不定期地在村内开展多种形式的群体参与活动，通过公众治理发挥邻里效应的作用，以少数人带动多数人再扩散至全体农村居民的方式提高主体的参与积极性。此外，作为农村居民社会资本的亲友联系，也能通过信息传递和人际影响，成为促进农村社区建设的社会机制。[④] 要丰富农村居民线上线下的信息交流渠道和平台，增加农村居民人际联系性，尤其是增加外出农村居民同乡村社区的联系，定制推送事关农村居民社会生活生产和社区利益的资讯，激发农村居民交

---

① 许朗，王宁，许才明. 农村水污染治理长效参与机制——以南京市郊区为例 [J]. 江苏农业科学，2021，49（5）：238-243.

② 程跃，韩春梅. 不同媒体使用情况对农村居民政治参与的影响——基于 CGSS2017 的实证分析 [J]. 东南传播，2023（3）：118-123.

③ 张士云，杨艳艳. 农村居民参与人居环境治理行为研究——以皖北地区为例 [J]. 山东农业大学学报（社会科学版），2022，24（4）：64-70+94.

④ 边燕杰，王学旺. 社会资本与乡村法治：亲友联系的作用机制 [J]. 河南社会科学，2021，29（3）：92-100.

流讨论热情，进而提升其社区参与积极性。

注重社区内部资源的整合和优化配置，通过建立健全社区组织结构，提升邻里之间的互动和协作，以及加强同辈群体的交流和互助，形成一个多层次、多角度、全方位的社区支持网络。此外，根据农村村貌、村情和人口分布，科学设计，加强对社区内部文化、教育、医疗、养老等公共服务设施的合理布置和建设，提升社区内部服务功能，不断通过企业赞助、个人投资、村民集资等方式[①]，满足居民多元化、个性化的需求，增强居民对社区的信任和满意度，促进社区内部的和谐稳定，实现村村有、户户享、人人爱的农村社区建设状态。

加强社区文化建设，培育和践行社会主义核心价值观，弘扬良好家风，提升居民的思想道德素质和文明素养，营造良好社区文明氛围。通过开展与农村居民感兴趣、与生活息息相关的文化活动，提高其对社区的认同感与归属感。居民喜欢什么、关注什么，政府就引导什么、组织什么。文化活动应当具有参与容易、形式简单、趣味性高的特点，宣传时要浅显易懂、幽默风趣，通过最大程度调动农村居民的参与积极性，增强居民对社区的归属感和凝聚力，形成积极向上的社区文化氛围。如可以举办丰收节，或是把节日期间举办的扭秧歌、舞狮表演等刻录下来，在文化活动中心放映，或是举办家风故事分享会、生活技能培训会、象棋锦标赛、社区篮球赛等[②]。

（三）积极进行议事调研

前述研究发现，当前农村居民整体仍然处于能力和资源较为缺乏的状态，应积极推动农村社区教育，开展需求调查，从个体层面对村民进行增权，开展社区项目，利用项目带动进行小组增权。[③] 这就需要多开展调研和村民议事，适时进行需求评估，并结合乡村振兴需要针有对性开展丰富多样的社区活动，让居民在参与过程中满足其利益需求，提升居民的参与意愿。

首先，完善相应的社区参与制度保障，搭建参与平台，畅通参与路径，推动居民社区参与和社区自治，鼓励居民积极参与社区事务的决策和管理，提高居民对社区事务的参与度和影响力。完善事前、事中、事后相关机制，使得居民参与有序化，通过制度使居民真正实现自我教育、自我服务和自我管理，达

---

① 周洁，沈政，张书赫，等. 浙江省农村社区文化建设的居民认知与参与行为 [J]. 浙江农业科学，2022，63（5）：1118-1124+1130.

② 陈正. 农村社区文化建设中的居民参与研究 [J]. 佳木斯职业学院学报，2021，37（4）：34-35.

③ 聂玉梅，顾东辉. 增权理论在农村社会工作中的应用 [J]. 理论探索，2011（3）：80-83.

到居民的有序参与。

其次，完善自治制度，培育社会组织，加强社会诚信，为居民有效参与议事调研创造参与途径打下良好的社会基础。同时，要加强对居民自我组织、自我管理、自我服务能力的培养和提升，逐步实现社区的自主治理和可持续发展。发展民间组织、完善需求偏好表达机制等多方面的激励机制，有利于使农民之间的非合作博弈走向合作博弈。[①] 通过常态性的议事调研，减少居民的信息不对称情况。如在农村生活垃圾治理中，可以通过议事调研，划分农村居民自家的门前屋后及周边为其责任区域，用机制驱动居民的环保意识和义务的提高。[②]

最后，农村居民在参与中，要加强监督意识、参与意识、职责意识，注意运用自己的权力，敦促村干部、居委会成员、政府相关人员等秉持责任观念和专业素养，把社区治理的功夫落到实处，确保社区工作的有效性和公正性。在议事调研工作开展结束后，相关部门和工作人员要敢于担责，勇于追责，真正构建起有责参与机制。[③]

（四）有效扩充价值维度

传统激励居民参与往往采用声誉激励的机制，但通常只能吸引到旨在通过参与社区事务自我实现的一类居民，如党员干部、知识分子等自我价值要求和责任意识较强的高知群体。采用的方式多为设置"贡献奖""荣誉榜"并进行示范性宣传，以建立示范行为的群体认同等，涉及范围较窄，宣传效果较差，可能出现"搭便车"现象。大量研究表明，单一的精神激励无法真正动员居民参与到社区事务中来，利益是推动人们行动的重要动力。经济生活状况和参与效能感对居民参与同等重要，是个体同时存在的两种行为动力源。[④] 克服传统精神激励方式的单一性，将经济利益作为激励的又一重要杠杆，意味着不仅关注个体的内在动机和心理需求，同时也重视外在的经济条件和物质基础。通过将经济利益与激励机制相结合，可以形成一个更加全面和多元的激励体系。

一方面，需要增强农村居民参与的精神激励认同。直接认同主要表现为以

[①] 付莲莲，邓群钊. 农户参与新农村社区公共品供给的博弈分析[J]. 生态经济，2015，31(7)：96−100.

[②] 林海. 农村生活垃圾治理中居民参与的研究——以广西富川县石家社区为例[J]. 农村经济与科技，2019，30(21)：43−45.

[③] 李永庆，吴猛. 新型城镇化背景下农村社区居民参与的困境及其解构[J]. 齐齐哈尔大学学报（哲学社会科学版），2020(6)：88−91.

[④] 吉志强. 现代乡村治理视域中的农村妇女政治参与[J]. 中共山西省委党校学报，2013，36(3)：61−65.

通报表扬、予以称赞、评优评先与事迹宣传等为代表的精神嘉奖和鼓励。可以制定实施奖励制度，通过社区微信公众号、社区宣传栏与社区微新闻等载体宣传和鼓励农村居民参与，强化其成就感与获得感。① 如设立农村社区治理突出贡献奖，定期评选出在农村社区治理中表现突出的个人和团体，给予他们一定的荣誉和奖励，提升农村居民的参与价值感。

另一方面，如果不顾及居民最迫切的现实需求，一味地强调教育引领，最后教育引领的目标可能也无法实现。因此，要有效扩充价值维度，克服传统精神激励方式的单一性，将经济利益作为激励的又一杠杆。经济利益的引入可以提高个体对于激励的感知价值和吸引力。对于物质条件相对匮乏的居民，经济激励可以满足个体对于基本生活需求的追求，从而激发其积极性和动力。而对于物质条件相对充裕的居民，经济激励则可以作为一种额外的奖励，进一步激发个体的积极性和创造力。基本生活需求的满足是提升农村居民参与主动性的重要前提与基本保障。经济收入的提升能够调节居民日常时间的分配，对于居民综合能力的提升与参与网络的扩展具有促进作用。② 因此，需要多开展能够有效推进居民家庭生计资本建设的集体性产业活动，开拓农村居民的收入渠道，将经济利益与居民参与产业活动挂钩，通过设定绩效奖金、股权激励、利润分享等经济激励方式，让居民在参与产业活动的过程中获得实实在在的经济收益，在推进乡村产业振兴的同时让居民能够切实感受到物质获得感，激发农村居民多方面发展需求、个体积极性和创新能力，提高他们参与动力。

二、以资源整合、多元参与的运行机制为重点

乡村振兴是个复杂的系统工程，需要党和政府协调各方力量共同参与，形成多主体参与、多元共治的运行格局。在激励主体层面，不应该限于政府和农村社区两委，而是要构建坚持党的领导、政府主导、社区两委推进、企业和社会组织补充、"能人"示范的多主体参与的激励运行机制，建立和完善联合行动机制，达成各治理主体行动效力的协同共振等。③ 随着中国高质量发展战略的深化，上级政府作为宏观推动方的作用逐渐淡化，而地方政府在农村公共服

---

① 王芳，李宁. 赋权·认同·合作：农村生态环境参与式治理实现策略——基于计划行为理论的研究[J]. 广西社会科学，2021（2）：49—55.
② 李志榕. 社会治理创新语境下农村环境治理共同体培育研究[J]. 贵州省党校学报，2023（1）：80—87.
③ 刘美萍. 重大突发事件网络舆情协同治理机制构建研究[J]. 求实，2022（5）：64—76.

务高质量供给中的元治理功能逐渐增强,更加注重激发农村居民及农村其他微观主体的自主积极参与。① 要以规制政府的自利性、企业的逐利性和村民的趋利性来实现乡村治理中"新公共性"的构建,推动形成乡村"善治"的良好氛围。②

(一) 党和政府引领

党的建设始终贯穿基层社会治理全过程,推动基层党组织全面进步、全面过硬,打造党在基层执政的"强引擎",对于引领居民参与、基层社会和谐稳定具有重要意义。政府和公众长期以来形成了"命令控制—服从执行"的行为模式和思维习惯,容易导致居民参与流于形式。③ 改进政府绩效比增强社会资本更能够有效促进农村居民政府信任。④ 因此,党和政府作为农村居民参与激励机制构建的重要主体,要发挥自身的引领作用,在充分把握社情民意的基础上,科学决策,制定适合本地的乡村振兴推进策略,并积极宏观调控资源整合,充分引导企业和社会力量参与支持农村社区发展。

其一,地方政府要加强对乡村振兴政策的研究和评估,从制度层面降低短期化决策倾向,确保政策的科学性和有效性。这需要地方政府建立和完善乡村振兴政策体系,加大对乡村振兴的政策支持力度,通过制定详细的乡村振兴规划和政策措施,明确乡村振兴的目标、任务和路径,为农村居民提供必要的资源和条件。将"以人民为中心"的观念内化为行为准则,建立健全农村居民参与乡村振兴的渠道,如村民会议、民主监督等,让农村居民能够通过这些渠道表达自己的意见和建议。此外,地方政府应当建立健全乡村振兴的绩效评估体系,以科学的方法和客观的标准衡量乡村振兴的成效,确保政策实施的方向和效果符合社情民意的期待。在此基础上,政府需要不断完善决策机制,强化决策的透明度和公众参与度,使乡村振兴的策略更加精准地反映乡村社会的实际需求。同时,地方政府还要加强对乡村振兴政策的宣传和解读,及时向农村居民公开相关政策信息,让他们了解政策内容和实施过程,提高他们的政策认同感和参与意愿,增强政策的执行力度。

---

① 陈浩,王皓月. 农村公共服务高质量发展的内涵阐释与策略演化 [J]. 中国人口·资源与环境,2022,32 (10):183-196.
② 陈波,鲁明娟. 乡村治理中的情境博弈、策略选择与利益协调——基于鄂西 L 县政府贫困治理的案例分析 [J]. 学习与实践,2024 (2):41-51.
③ 李叔君. 社区生态文化建设的参与机制探析 [J]. 中共福建省委党校学报,2011 (5):65-70
④ 胡荣,池上新. 社会资本、政府绩效与农村居民的政府信任 [J]. 中共天津市委党校学报,2016,18 (2):62-75

其二，地方政府应充分发挥宏观调控的作用，优化资源配置，打破乡村发展中的瓶颈。一方面，要加大对农业科技创新、农业基础设施建设、农业产业链延伸等方面的投入，提升农业的综合竞争力和抗风险能力；另一方面，要加强对农村人力资源的开发，提高农民的职业技能、创新精神和自主发展能力，助力乡村人才振兴。同时，要注重发挥市场机制在乡村振兴中的作用，促进农村产业结构的优化和升级。地方政府可以通过政策引导和资金支持，鼓励农民发展特色产业和新型经营主体，提高农民的收入水平。地方政府还要加强对农村基础设施建设的投入，改善农村的生产生活条件，为乡村振兴提供基础保障。例如，近年来我国在一些农村地区实施的土地流转政策，让农民通过流转土地获得租金收入，激发了他们的参与热情，推动了农业产业化和规模化经营。通过设立产业扶贫项目、农村合作社等，让农民参与到产业发展中来，分享产业发展的红利，不仅能够帮助农民增加收入，还有助于他们提高生产技能，培养新型职业农民，为乡村振兴提供人才支持。

其三，地方政府要创新社会治理模式，引导企业和社会力量参与农村社区的发展。政府可以通过政策引导、资金扶持、税收优惠、项目扶持等手段，激发企业和社会组织的积极性，推动他们参与乡村基础设施建设、文化教育、公共卫生等领域的公益事业，形成政府、企业和社会共同参与乡村振兴的良好格局。通过加强与社会各界的合作，形成乡村振兴的强大合力。地方政府可以与科研机构、高校、企业等合作，共同开展乡村振兴研究和实践，引入先进的科技和管理经验，提高乡村振兴的质量和效益。同时，地方政府还要加强对社会组织的培育和引导，鼓励社会组织参与乡村振兴，提供多元化的服务和支持。上级政府要加大对地方优秀治理案例的提炼、宣传、推广与交流，在合理借鉴中取长补短，以交流学习促改革、促发展，助推地方政府间的竞争模式从"为增长而竞争"转变为"为公共服务而竞争"。政府应建立健全社会治理的考核评价机制，将农村居民的参与程度和满意度作为重要评价指标，以确保激励机制的有效实施。

其四，地方政府要加强与农民的沟通与互动，充分尊重农民的意愿和需求，发挥农民的主体作用。政府应通过开展农民培训、组织农民参与决策等方式，提升农民的自我发展能力和自治能力，使乡村振兴的过程成为农民积极参与、共享成果的过程。此外，政府还需要通过宣传、教育等手段，提升农村居民对乡村振兴的认识和参与意识，通过举办农民培训、座谈会等形式，增强农村居民对乡村振兴的了解，使他们更加积极地参与到乡村振兴中来。可以通过实施农村社区治理项目，引导农村居民参与社区治理，同时在项目实施过程中，给予农村居民一定的经济补贴或奖励。通过利益分配，激发他们的参与积极性。以民宿旅游相关工作为例，对没有参与的社区居民，可以通过集体基金补偿、旅游利益的再分配等方式，使他们也能分享旅游经济收益。① 农村居民在参与社区治理的过程中，既能学到一定的知识和技能，又能获得一定的经济收益，有利于提高他们参与社区治理的积极性。

（二）社区两委推进

我国农村社区的两委成员作为政府和居民之间的桥梁和纽带，具有广泛的代表性和影响力。以农村社区两委为主体，构建多方参与的组织管理和服务机制，可以有效地提高农村居民的参与度。农村社区两委要明确职能定位，积极在党和政府的领导下，由权力观向责任观转变，主动链接和整合资源，搭建参与平台、拓宽参与领域、畅通参与渠道、最大化激发居民参与乡村振兴的积极性，使其能够真正参与到公共事务的方方面面，推进乡村振兴中农村居民参与的具体组织和落实工作。

农村社区两委在明确职能定位的基础上，应进一步深化其在乡村振兴中的领导作用，构建民主开放、城乡一体、协调统一的新型农村社区基层党建模式②，完善以公民权利为核心的农村社区公共性建设。两委应积极落实党和政府的政策方针，以责任观为导向，深化对权力与责任的内涵理解，将权力行使与责任承担有机结合。社区两委要切实宣传好党和政府的政策方针，正确传达政策内在意涵，尽量避免出现普通民众由于专业知识和相关信息的欠缺难以有效参与决策甚至反对正确决策的"参与失灵"现象。③ 此外，两委应当主动链接和整合各类资源，包括政府资金、社会资本、民间组织及社区内的人力、物力资源，形成推动乡村振兴的合力。

两委需要搭建起居民参与的广泛平台，畅通居民参与渠道。研究表明，社区参与行为会通过提升社会网络、社会规范、社会信任、社会宽容间接提升农村居民幸福感，畅通的社区参与渠道可以降低居民的社区参与成本，提升农村居民社区参与度。④ 这些渠道包括但不限于社区议事会、民主理财小组、产业发展合作社等。通过这些渠道，居民能够在公共事务、社区治理、经济发展等

---

① 潘雅芳. 民宿旅游发展中乡村社区居民旅游增权感知差异及其对策——以浙江安吉横山坞村为例 [J]. 浙江树人大学学报（人文社会科学），2021，21（3）：56-65.
② 吴朋政. 农村社区党建怎么抓 [J]. 人民论坛，2019（10）：114-115.
③ 李叔君. 社区生态文化建设的参与机制探析 [J]. 中共福建省委党校学报，2011（5）：65-70.
④ 杨慧青，崔旭东. 社区参与行为、社会资本对农村居民主观幸福感的影响——基于CSS2021数据的实证分析 [J]. 湖南人文科技学院学报，2024，41（2）：44-52.

方面发挥主体作用，使乡村振兴的过程成为居民广泛参与的过程。

两委还需拓宽参与领域，将居民参与的范围从传统的社区服务、环境卫生扩展到产业发展、文化传承、生态保护等多个方面。社区两委应当积极拓展自身服务项目，创新服务机制，通过构建多元化的参与渠道，如社区宣传栏、网络论坛、开放日等形式，确保信息的透明公开，使居民能够及时了解并参与到乡村振兴的各个层面。通过制度化、常态化的沟通机制，确保居民意见能及时反馈至两委，两委的工作决策能够充分反映居民意愿。

此外，党员作为基层政府和农村居民之间的沟通桥梁，不仅能够依靠自身社会属性，带动农村居民形成凝聚力，还可以即时、充分反映在社区治理中遇到的难点痛点。[①] 因此，不仅要将社区治理能力纳入领导干部考核中，更要鼓励农村居民进行监督，选举有能力治理农村社区的党员干部。同时，需要建立健全培训机制，培育和提升党员干部的服务意识和担当精神，使他们更加爱岗敬业、全心全意为农村居民提供更优质的服务，如可以通过外出培训、挂职、交叉轮换任职等方式拓宽农村社区工作者的知识结构，提升他们的业务能力。[②]

在具体组织和落实工作中，两委要不断创新工作方法，引入社区协商、民主决策等现代治理方式，同时结合本地实际，发扬乡村传统治理智慧，形成具有地方特色的参与模式，以最大化激发居民参与乡村振兴的积极性，确保乡村振兴事业既符合国家发展大局，又顺应农村社区和居民的发展需求。

（三）企业和社会力量补充

近年来，多地地方政府加大购买公共服务力度，给予农村地区企业和社会力量一定的政策帮扶和资金支持，加大农村社区社会组织支持力度，简化审批环节，严格调查研究、审查资质，适度降低农村社区社会组织准入门槛，放宽登记条件，确保农村社区社会组织规范化、制度化发展。[③] 或是通过部分直接拨款、间接补贴、税收优惠、小额奖励、授予合作伙伴资质等方式，对发挥积极作用的社会组织或社会企业给予激励。[④] 政府与企业和社会组织不断加强对

[①] 齐晓光. 农村社区治理困境与纾解——基于现代化维度的分析［J］. 青岛农业大学学报（社会科学版），2022，34（1）：1-7.

[②] 张莎莎，冯垠都. 农村社区建设创新路径［J］. 合作经济与科技，2019（22）：164-165.

[③] 赵志虎，陈晓枫. 加强自治，鼓励多元主体参与大力推进农村社区治理转型升级［J］. 人民论坛，2019（33）：62-63.

[④] 运迪. 新时代农村生态环境治理的多样化探索、比较与思考——以上海郊区、云南大理和福建龙岩的治理实践为例［J］. 同济大学学报（社会科学版），2020，31（2）：116-124.

话合作，共同参与社区治理，无一不表明，企业和社会力量在乡村振兴中扮演着至关重要的角色。企业和社会力量要科学评估社区和居民需要，在满足需要的目标定位下积极参与乡村振兴，利用自身的资源优势强化农村居民的社会资本，助推社区内部个体之间基于信任、互惠和合作而形成互助网络，使居民能够切实体会到参与乡村振兴的获得感和满足感，激发居民参与意识和参与意愿。

居民幸福满意是政府、居民、企业和社会力量共同的目标和愿景，应当促进四方融合，相互监督、相互补位、相互协助和相互包容。企业和社会力量在提高站位、增强社会责任感的同时，还应当不断进行服务升级，秉持服务前置化、专业化和财务透明化的服务理念。具体而言，企业和社会力量可以通过提供就业机会、开展培训和教育活动、投资基础设施建设等方式，帮助农村居民提高生活水平和幸福感。同时，企业和社会力量作为第三方，可以协助对农村社区治理工作进行监督和评估，确保农村居民参与社区治理的有效性。研究表明，社区教育与乡村振兴显著正相关。由于教育结果的显现具有动态性、内隐性特点，需要进行监测和调查反馈，建立互促协调机制。[①] 监督评估是保证社区治理质量的重要手段，需要建立一套科学的监督评估机制，对农村社区治理工作进行监督和评估，确保农村居民参与社区治理的有效性。例如，可以建立定期检查、监测机制，定期组织专家对农村社区治理工作进行评估，查找存在的问题和不足，并提出改进意见和建议。同时，还可以通过设立举报渠道，鼓励农村居民对社区治理中的问题和不当行为进行举报。这样，既能保证农村社区治理的质量和效果，又能提高农村居民的参与积极性和满意度。

企业应重视并应用众包模式进行开放式创新，制定合理的激励机制，吸引社会大众高效地参与任务。[②] 在大数据时代，企业具备良好的技术优势，如何引导企业持续优化自身，提升服务水平，加入社区建设中来，更好地满足居民的参与需求，是激发居民参与意识和参与意愿的必经之路。引导企业参与社区治理，为居民提供就业机会，从而实现对农村社区从输血式帮扶到造血式转变，促进农村地区经济发展，使居民更加乐意参与社区治理。

---

① 江增光，陈洁瑾. 社区教育对乡村振兴的影响研究——基于对苏锡常乡村社区居民感知的调查[J]. 投资与创业，2023，34（18）：144-147.
② 夏恩君，王文涛. 企业开放式创新众包模式下的社会大众参与动机[J]. 技术经济，2016，35（1）：22-29.

在乡村振兴战略背景下，社会力量是乡村振兴资源配置的一种重要补充。① 社会组织在提供社区公共服务、培养居民参与社区建设的能力方面有着不可替代的作用。社会组织是促进社区居民更好地融入和参与社区生活的衔接点，也是实现社区减负增效的有效补充，能为社区带来更加扁平化、精细化和高效的民生服务。应当尽快打通顶层制度瓶颈、科学进行制度安排，引导社会力量利用自身优势参与乡村振兴。当然，推动社会力量参与是一方面，把好参与门槛、抓好监督约束是另一方面。

（四）"能人"示范

在推动农村社区公共事务的积极参与中，农村党员和"能人"对于盘活农村内生治理资源的作用不可小觑。新乡贤、土专家等不仅是社区的积极分子，还在促进社区治理现代化中发挥着示范和带动作用，能够促进农村公共服务的自我投入和自我供给。人力资本对农村居民社区参与意愿的作用因参与类型不同而略有差异，社区认同对社区参与意愿的影响具有共性。② 由此，可以动员具有较高文化程度、拥有一定政治身份的个体，由他们带动更多居民参与社区建设。从精准扶贫向乡村振兴转变的过程是村庄外生资源催生内生动力的过程，其中，新乡贤能够通过发挥动员沟通机制、领头羊机制和利益共享机制，催生村庄的内生动力。③ 由于社会激励的存在，乡村精英愿意组织参与公共产品的自主供给并为之承担较高的支付额度；又由于乡村精英提供的选择性激励的存在，普通成员愿意放弃搭便车行为跟随参与公共产品的自主供给④，从而实现农村社区公共产品的自主供给，推动村民自治。

农村党员和"能人"在社区公共事务中的先锋模范作用是提升农村社区治理水平、促进农村社会和谐的重要途径。农村党员和"能人"通过积极发挥自身的先锋模范作用，带头参与到社区公共事务和建设中，现身说法，用示范效应强化居民主动参与，激发更多村民的参与热情，共同为构建更加美好的农村社区贡献力量。

首先，农村党员和"能人"应该在法律法规和政策指导下，带头遵守社区

---

① 陈成文，王祖霖. "碎片化"困境与社会力量扶贫的机制创新［J］. 中州学刊，2017（4）：81—86.
② 刘影，李阿特. 人力资本、社区认同与农村居民社区参与意愿——基于江苏数据的实证研究［J］. 社会建设，2023，10（3）：81—92.
③ 魏丹，张目杰，梅林. 新乡贤参与乡村产业振兴的理论逻辑及耦合机制［J］. 南昌大学学报（人文社会科学版），2021，52（3）：72—80.
④ 胡拥军，周戎桢. 乡村精英与农村社区公共产品自主供给——基于"熟人社会"的场域［J］. 西南农业大学学报（社会科学版），2008，6（4）：37—40.

规章制度，积极参与到社区公共事务中去。例如，在农村环境整治中，党员和"能人"可以首先行动起来，整理自家的庭院和周边环境，通过自身的实际行动展现遵守公共秩序的决心。

其次，应该利用自身的社会影响力和威望，推动社区文化的建设。农村党员和"能人"通常在村里具有一定的影响力，他们可以通过举办讲座、研讨会等形式，普及科学文化知识，倡导文明健康的生活方式，从而增强村民的整体素质和社区意识。乡村能工巧匠、民间手艺人、技术干将等乡土人才可以发挥其在产业发展、文化服务方面的带头作用，鼓励农村居民投身于民间工艺产品、乡村文旅或非遗文化传承中。[①]

再次，积极响应国家关于农村社区建设的号召，通过带头实施农业科技创新、发展农村合作社等方式，提升农村经济效益，增强农村社区的内在活力。合理整合新乡贤资源，搭建平台实现新乡贤资源与乡村慈善项目的有效对接，通过加强乡村慈善基金的内部管理、放松管制加强服务、提高公益性捐赠的税收优惠力度、重建旌表制度等激励新乡贤参与乡村慈善[②]，助力乡村振兴。

最后，农村党员和"能人"应当以身作则，强化社区居民的公共参与意识。集体活动的频繁开展可以有效提升社区成员的归属感和集体荣誉感，他们可以通过组织社区活动，如文艺演出、体育比赛等，增强村民之间的交流与互动，提升社区的凝聚力。如离退休干部可以通过党建赋能、凝聚赋能、议政赋能、专业赋能、榜样赋能五种模式赋能社区治理，带动居民参与。[③]

需要注意的是，当前人才结构失衡、新乡贤参与制度缺失及激励机制不足等严重制约了新乡贤与乡村产业振兴耦合机制作用的进一步发挥，也就限制了新乡贤对于居民的示范带头作用的发挥，不利于乡村振兴内生动力的持续发展。应进一步促进和推动乡村精英的资源优势转化为治理效能。[④] 此外，需要采取有力措施治理"精英俘获"，避免乡村精英价值扭曲。[⑤]

---

① 皮永生，王艺雄，綦涛. 文化—制度—行为：农民主体参与乡村建设研究［J］. 重庆大学学报（社会科学版），2024（4）：10—11.

② 王文龙. 新乡贤与乡村慈善：资源整合、项目对接与激励机制创新［J］. 云南民族大学学报（哲学社会科学版），2020，37（2）：52—57.

③ 汤文仙，刘海波. 离退休干部参与社区治理的价值意蕴与实践探索［J］. 领导科学，2021（24）：28—31.

④ 刘小珉，刘诗谣. 乡村精英带动扶贫的实践逻辑——一个基于场域理论解释湘西Z村脱贫经验的尝试［J］. 中央民族大学学报（哲学社会科学版），2021（2）：74—85.

⑤ 卢小平. 乡村经济精英参与贫困村产业培育的激励机制——基于广西地区部分县域的观察与思考［J］. 中国特色社会主义研究，2018（4）：78—83.

三、以顶层设计、民主协商的保障机制为依托

要实现农村居民参与从动员参与到习惯性参与、从应然状态到必然状态的转变，必须建设一种实效性和可操作性强的、适应农村社会实际的居民参与保障机制。从保障的源头到落实再到监督，形成一个完整的保障机制，为农村居民平等参与社区事务创造积极有利的社区生态环境。保障机制重在合法、合理、合情，通过协调各主体间的利益冲突，保障基于群众主体地位进行协商、决策、执行、管理、监督的过程顺利开展。

（一）持续完善顶层设计

首先，需要从制度层面构建一套完善的法规政策体系，确保农村居民在乡村振兴中能够充分发挥自身的主体作用。例如，根据我国的农村土地制度改革，农民可以通过土地流转、土地入股等方式，参与到乡村振兴的实践中。同时，我们必须坚持权利与义务相统一的原则。这意味着，在赋予农村居民参与权利的同时，也要让他们承担相应的责任义务。例如，在农村公共事务管理中，农民可以通过选举产生村委会成员，参与农村公共事务的决策和管理，这既是一种权利，也是一种责任。只有将权利与义务有机结合，才能真正实现农村居民的全面参与。

其次，赋予每个居民平等地参与权利与义务。在我国，农村居民长期存在权益保障不平等的问题，这在很大程度上制约了他们的参与热情。因此，我们需要通过政策调整，消除各种不公平因素，确保每个农村居民都能享有平等地参与权利。例如，在乡村振兴项目中，应该根据公平原则，合理分配资源，让每个居民都能从中受益。在信息时代，要充分利用新媒体的优势，确保农民积极参与到社区治理之中，发挥最大的功能。

最后，从顶层设计层面构建居民有序参与、有责参与和有利参与的政策保障体系，用以指导各地完善居民参与乡村振兴的组织、管理、服务、监督、反馈和考核奖惩机制。可以设立专门的乡村振兴机构，负责组织、管理和协调农村居民的参与活动；同时，建立完善的监督和反馈机制，确保农村居民的参与权利得到有效保障。以农村环境治理为例，要建立起村民参与环境治理的问责机制以及符合公共利益的环境纠纷制度[①]，采用资助补贴与动态惩罚策略相结

---

① 时晶. 农村环境治理中村民参与方式的创新探索［J］. 国际公关，2023（8）：19-21.

合的政府规制策略，规制社会资本的骗补投机行为[①]，同时搭建多元主体沟通互动平台，形成更为完善的监督机制，通过社会组织监督、农村居民监督、网络监督、新闻监督等多种方式，确保各个主体间的权利制衡，减少政府权力寻租风险[②]，在村民的生态利益受到损害时，村民有权依法获得补偿。

完善法规政策体系，充分尊重农村居民的主体地位和参与诉求，是实现乡村振兴的关键。改变传统"人治"，将"法治"引入农村居民参与的过程中，推动"自治"与"德治""法治"有机结合，需要从制度层面、居民平权和顶层设计等多个方面，构建一套完善的政策保障体系，以实现人人参与、平等参与，推动乡村振兴的进程。

（二）深化民主协商制度

进一步深化民主协商制度是乡村振兴的关键环节，村民自治的核心逻辑也应是民主协商制度。近年来，我国乡村治理体系逐步完善，民主协商制度在不少地区的实践中取得了显著成效。农村社区居民通过民主协商，能够有效解决土地流转、产业发展等关键问题，获得实实在在的利益。

民主协商制度体现了乡村振兴战略的本质要求，有助于调动村民的积极性，提高乡村治理效能。作为乡村振兴直接的主体和受益者，居民的意见和诉求必须充分尊重和考虑。重视保障农村居民在农村公共服务决策中的参与权，充分听取村民意见，有利于形成共识，使得产业发展、基础设施改善等任务得以顺利完成。从理论层面来看，民主协商制度有助于解决激励过程中的个人行为与组织目标不一致的问题。在这一制度下，村民在参与乡村振兴过程中，能够借助农村"一事一议"制度、村民听证会和群众座谈会或利用互联网等新型参与方式充分表达自己的利益诉求，确保个人利益与组织、集体利益相统一。

当前，传统依托"共同体"理论为指导的社区整体性治理范式效能日渐式微。社会资本是民主制度得以有效运作的关键因素，需要重视并营造良好的社会网络，形成较高的人际信任和社会宽容，促进社会资本的积累。杨威威等的研究讨论了基于社区"利益共同体"本体上的"聚合性治理"范式，"聚合式治理"充分重视社区日常生活中的"细事"，将居民的"私利"视为激励居民社区参与的动力。凭借民主协商的制度支撑及其议事规则的程序引导，制度优

[①] 邹国良，刘娜娜，梁雁茹. 乡村振兴战略下农村人居环境整治PPP模式合作行为演化博弈分析[J]. 运筹与管理，2022，31（4）：61-68.

[②] 丁颖. 社会资本参与农村环境治理的现实困境与消解策略[J]. 农业经济，2021（10）：87-89.

势将会转变为治理效能,从而构建基于利益和规则的社区治理与社区发展共同体,让居民在真实的社区生活中认识到社区参与和社区治理的本真意义。[①]

总之,在实施乡村振兴战略中,需要探索建立由基层政府、村级组织、社会组织、普通村民等多元主体参与的协商民主机制,加强自治、法治、德治相融合的基层治理体系建设,促进农村社会精细化治理,构建共建共治共享的农村社会治理格局。[②]

（三）明确权利维护细则

权利维护制度的建设是至关重要的。这不仅需要从法规政策层面赋予农村居民参与乡村振兴的权利,更需要在具体的实施过程中构建完善参与权利的维护机制。这样的机制能够让农村居民明确认知和把握参与权利和表达权利的内容以及发挥途径,从而使其相信并合理使用自己的参与权利,更有意愿持续性参与。事实上,我国已经在相关法规政策中明确了农村居民的参与权利。例如,《乡村振兴战略规划（2018—2022年）》就明确提出,要"加强农村基层民主建设,推进农村基层群众性自治,保障农民依法直接行使民主权利"。

然而,仅有法规政策层面的保障是不够的,还需要在实施过程中积极探索与构建完善的参与权利维护机制。在这方面,可以借鉴一些成功案例。例如,浙江省在推进"千村示范、万村整治"工程中,就建立了"村民自治基金",通过村民自治的方式,让农村居民参与到乡村振兴的决策过程中。又如,四川省在实施"乡村规划师制度"中,让乡村规划师深入农村,帮助农村居民制定乡村振兴规划,使农村居民在乡村振兴中发挥了主体作用。

从理论层面来看,权利维护机制的建立也有其必要性。社会建构主义认为,个体在社会互动中形成对权利的认识和理解。因此,只有通过构建完善的参与权利维护机制,让农村居民在实践中感受到自己的权利得到保障,才能真正激发他们参与乡村振兴的积极性。相关研究表明,农村居民参与乡村振兴的程度与其对权利的认识和行使程度呈正相关。在权利得到有效保障的地区,农村居民的参与意愿和参与程度都明显高于权利得不到有效保障的地区。从现实层面来看,农村居民对"权益维护"类型的社区参与意愿最为强烈。应当注意到农村居民社区参与内涵的丰富性,工具理性层面的利益追求和价值理性层面的情感、认同对于居民社区参与的驱动作用都应该被关注。在权益维护方面,

---

[①] 杨威威,郭圣莉. 议事规则、民主协商与内生型社区建设发展——基于应用X项目的多案例研究[J]. 甘肃行政学院学报,2021(3):48—59+125—126.

[②] 林丽丽,鲁可荣. 农村社会治理中的协商民主[J]. 长白学刊,2018(3):72—78.

社区生活满意度、社区安全感和对社区未来发展预期对居民的参与意愿都有显著影响。[1] 因此，需要在程序上维护正义，在生活中提升满意度，让农村居民真正相信并合理使用自己的参与权利，为我国的乡村振兴事业贡献力量。

（四）落实信息公开制度

落实信息公开制度，充分尊重农村居民在公共事务中的知情权，是提升农村社区治理水平、促进农村经济社会发展的重要途径。

农村居民在社区公共事务中享有充分的知情权，这是保障其民主参与、实现社区自治的基础。社区公共事务的决策公开、过程公开和结果公开，是落实农村居民知情权的关键。农村地区在村庄发展规划、基础设施建设、公共资源配置等方面，要全面实行决策公开、过程公开、结果公开，切实发挥农村居民社会公平感知的积极作用，让农村居民充分了解并参与到社区事务中来。这种做法能够进一步提升农村居民对民主参与机会、过程、结果以及对村集体等组织的信任和满意度，有效推进全过程人民民主[2]，有力推动乡村振兴。

农村社区内部管理事务的公开透明，对于提升社区治理效能具有重要意义。通过公开透明，可以有效地防止权力滥用、减少腐败现象，确保社区资源的合理利用和公平分配。研究表明，信息公开可以降低居民参与的私人成本，提高政府治理效能，增强公众对政府的信任[3]，从而有力助推公众参与社区治理。要实现农村社区事务的公开透明，需要制度保障和政策支持。在这方面，我国政府已经制定了一系列政策措施，如《农村基层组织工作条例》《农村基层民主管理制度》等，为农村社区事务公开提供了法律依据。同时，政府还需要加大对农村社区信息公开的投入，提升农村信息基础设施建设的水平，对村规民约、资金使用及重大决策等公共事务通过线下、线上双联动渠道积极公示，为农村居民提供更加便捷、高效的信息服务，将民主参与中利村民、利集体的措施落到实处、细处。

健全"下评上"监督检查机制，强化对社会供给主体的全过程高质量监管。用好微信、微信公众号等平台，督促农村社区解决居民反映问题的进度，加大对超期办理事项处罚力度，对变相不回应居民参与诉求中不作为、慢作

---

[1] 刘影，郑华伟. 社区认同如何影响农村居民社区参与意愿——基于江苏三种不同参与类型的数据分析[J]. 社会工作与管理，2023，23（2）：66-73.

[2] 罗明忠，陈伟漫，林玉婵. 民主参与对农村居民幸福感的影响——社会公平感知的调节效应[J]. 华南师范大学学报（社会科学版），2022（4）：110-122+207.

[3] 罗开艳，田启波. 政府环境信息公开与居民环境治理参与意愿[J]. 现代经济探讨，2020（7）：33-43.

为、乱作为进行督查处罚。建立完善社区居民侵权救济制度，一旦社区居民参与权利受到侵害，有权向有关部门进行复议和诉讼，最终使权利得到保护。[①] 例如对于村委会和村务工作进行公开监督，并定期向全体村民公布监督结果；由非村委会人员轮流担任监督人员，设定合适的年限和人选范围。[②]

总之，在乡村振兴战略背景下，必须充分尊重农村居民的知情权，落实信息公开制度，确保农村社区内部管理事务的公开透明，提高居民参与社区治理的效能感，使居民更愿意参与社区治理，进而推进居民参与社区治理的进程，提高居民的生活水平和幸福感。

第三节 激励机制构建的三维路径

一、读懂乡村：善用调查，把握居民需求

乡村振兴是一个系统工程，需要多学科、多领域的交叉融合。因此，要加强跨学科对乡村振兴理论和实践的研究与合作，发挥不同学科的优势，形成综合的研究力量。例如，可以结合经济学、社会学、生态学、信息技术等多个学科，以全面、系统的视角研究和推进乡村振兴。在乡村振兴的实践中，要注重总结经验，形成具有中国特色的乡村振兴理论体系。中国农村的地域广阔，各地的实际情况千差万别，因此，要根据各地的实际情况，制定和实施具体的乡村振兴策略，不能一刀切。要注重发挥地方特色，挖掘和传承地方文化，保护生态环境，促进农村经济的可持续发展。只有通过科学的研究，才能找到适合我国乡村振兴的有效模式和路径，为乡村振兴提供科学的依据和决策参考，实现从"为社区"到"与社区"再到"由社区"的跃迁式发展。

（一）深入开展田野调查

党的二十大报告指出，我们要增强问题意识，聚焦实践遇到的新问题、改革发展稳定存在的深层次问题、人民群众急难愁盼问题、党的建设面临的突出问题，不断提出真正解决问题的新理念新思路新办法。农村社会学研究立足中

---

① 魏郡泽. 农村社区治理居民参与问题及对策研究 [J]. 公关世界, 2023 (4): 12-14.
② 李晓宁, 李雪峥, 崔健. 西部农村居民政治参与及社会治理分析——基于陕西省岐山县G村的社会调查 [J]. 西北农林科技大学学报（社会科学版）, 2018, 18 (1): 107-114.

国实践，基于调查经验，在历史发展的脉络中形成的"经验—理论比较与重构—经验"和"经验—理论提炼与创新—经验"两条循环进路，可以为认识和改造乡村中国，推进社会学本土化发展，提升国家软实力提供认识论和方法论支撑。[1] 应当学习好、运用好二十大精神，对乡镇党委政府、农村居民、商户、社会力量等在乡村振兴中的急难愁盼问题进行调查，在各方参与的现实图景中读懂乡村。

首先，"身"入基层，要深入乡村，了解乡村的实际情况。需要对乡村的自然环境、经济状况、文化传统、社会结构等多方面情况有一个整体把握。现有的民意调查基本上采用纸质问卷等形式，这种方式存在着信息沟壑。政府购买社会服务，多通过入户采访、短信通知、微信转发等方式进行操作，容易出现政府开展而公众未知的问题。可以采用广播、走访、听证会，或居民会谈、主题座谈会、公众辩论、公众追踪调查群等富有活力的方式，尽可能地让社区居民参与进来，促进居民有效、有序和广泛参与。[2] 此外，村民时间比较自由零散，能在固定时间内接受访谈的并不多，且他们一般不愿意和生人交流。调研人员在入场时，应当随机应变，可以通过熟人、村干部介绍，与村民建立起熟人关系后进行谈话调研，也可以在帮助村民劳动的过程中进行访谈，既能拉近与村民的距离，也更能听到他们的真心话。少数民族聚居的村落可能有独特的民风民俗，需要了解清楚基本的社交礼仪和禁忌事项，体现尊重关怀，做到入乡随俗。总之，只有深入了解了乡村，才能更好地理解农村居民的需求和期望，从而为构建激励机制提供基础。

其次，"心"入基层，要研究乡村，挖掘乡村的潜力。乡村具有独特的自然风光、文化资源和人力资源，这些都是乡村发展的宝贵财富。通过选择适宜的调研对象和适当的调研主题，我们可以发现乡村的潜力所在，为农村居民参与提供更多的发展机会和空间。农村往往是熟人社会，不少村还有"同姓""同族"聚居的现象，村民之间十分熟悉，经常一起在院子里乘凉、串门拉家常，但可能会存在谈问题时相互掩盖、说成绩时相互夸大的现象。因此，选择调研对象时，尤其要注意村内可能有"大姓""大家族"的利益代表，除选择了解情况的村干部、有代表性的乡贤外，应尽量统筹兼顾各个姓氏、各个家族的成员，防止仅听"一家之言"。在关注点上，村民往往更关心农作物的生产、

---

[1] 赵晓峰. 认识乡村中国：农村社会学调查研究的理想与现实［J］. 中国农村观察，2021（2）：131-144.

[2] 李伟. 河南省农村社区治理现代化研究［J］. 农村经济与科技，2021，32（24）：28-30.

销售价格等农业相关问题，或者老人就医、子女入学等公共服务问题，应带着合适的问题去调研，避免直接询问居民参与过程中的困难或需求，先让居民做"选择题"，再引导居民做"简答题""论述题"，寻找最真切的声音，明确最迫切的需求。调研时需要认可社区参与中的"强互惠者"，引导"合作者"多思考、多发表，通过合理规划、给予实惠引导"自私者"转变为"合作者"甚至是"强互惠者"。[①] 了解广大居民参与治理的诉求，是一个双向的过程，也是一个循序渐进的过程，需要根据地域文化的差异来进行综合层面的分析和研判。[②]

最后，"情"入基层，要参与乡村，发挥农村居民的主体作用。在乡村振兴的过程中，农村居民既是受益者，也是参与者。不同农民群体对社区的需求类型和重心存在异质性，农村居民参与在参与主体、参与意愿、参与内容、参与方式、参与时间、参与程度、参与动机等参与要素上存在着普遍与特殊、变化与不变、积极与消极三对关系。[③] 可以组织召开村民大会，了解村民想法，精准识别需求，激发农村居民自主性，共同发现社区问题和挖掘社区需要，讨论社区建设的新途径。受制于经济发展、文化背景、社会资源等客观因素及年龄、性别、文化程度、信息素养、数字素养、学习能力等主观因素的影响[④]，农村居民参与不可避免地呈现出优势群体与弱势群体并存的普遍现象，当持续推动乡村振兴系列惠民政策的落地实施，在实践中找问题，缩小"强"与"弱"的差距。要了解农村居民参与的过程性、阶段性特点，动态把握农村居民在参与内容、参与方式和参与时间等方面的变与不变，提升居民参与的效能感，改善农村居民"弱参与"的消极状态。以民俗文化建设为例，可以通过动员村民参与汇编民俗文化档案、参演民俗文化发展历史的影像宣传纪录片、参与设计文创产品、社区文艺展演等方式让村民参与到文化传承中，让民俗文化进入到寻常百姓家。[⑤] 保障村民参与权利，注重居民民主参与，使公共产品与服务的供给尽可能与居民实际需求相匹配。

---

① 龚莹，王燕，王雪舜，等. 居民参与农村社区治理主动性行为的影响因素研究——基于雅安市465位农村社区居民的调查［J］. 中国农业资源与区划，2019，40（12）：189-194.

② 于霄达. 中国农村公共事务治理问题及发展策略［J］. 农村经济与科技，2021，32（16）：245-247.

③ 戴艳清，孙英姿. 农村居民公共数字文化服务参与的演变规律与发展逻辑［J］. 图书馆论坛，2023，43（10）：55-65.

④ 闫慧. 农民数字化贫困的结构性成因分析［J］. 中国图书馆学报，2017，43（2）：24-39.

⑤ 梁茹. 农村社区民俗文化建设的意义、问题及对策［J］. 中南农业科技，2023，44（8）：199-203.

（二）双向反馈有效接续

畅通居民的利益表达渠道，建立自下而上的民意收集机制和双向沟通机制[①]，实现社区内部之间、内部和外部之间的有效沟通，是促进居民有效参与至关重要的环节。

其一，社区应该建立健全的信息反馈机制。包括定期召开村民大会或社区座谈会、设立意见箱和热线电话、搭建公共服务信息互动平台、在线调查等多种方式，让农村居民能够方便地表达自己的意见和建议，让农村居民的声音能够及时、准确地传达到社区。同时，社区还应该充分利用现代信息技术，如微信、微博等平台，与农村居民保持密切的联系，建立良好的干群互动关系，及时了解他们的需求和关切，时刻将村民利益作为社区治理的重点。这也便于社区能够将相关政策、资源分配等信息及时传达给居民，提高透明度和公正性。此外，应积极采取动态激励措施，要注重反馈渠道的维护和管理。社区需要定期对反馈渠道进行评估和改进，确保其始终处于良好的工作状态，避免出现反馈渠道只在建立初发挥很大的效用，后期由于反馈时间和效果不如公众预期，作用会逐步下降甚至消失的现象。

其二，社区应该重视农村居民的反馈信息，并将其作为决策的重要依据。应该定期对农村居民反馈的信息进行分类、整理和分析，对存在的问题及时进行整改，回应居民的合理诉求。加强与上级部门的沟通和协作，通过定期汇报、召开座谈会等方式，将农村居民的需求和问题及时反映给上级部门，争取更多的支持和资源，尽量避免因部门权限、行政分割、反馈效度等出现的多个渠道反馈同一件事、不同部门处理方式不一致从而降低居民参与热情的现象。信息化治理时代，应当基于技术创新重点解决农村居民信息安全顾虑与政府负担问题。政府带头与企业、高等院校、科研院所等建立多样化的合作关系，加大技术研发投入，社区也积极参与开发智能管理后台，对农村居民意见反馈进行自动审核，降低自身信息审核与分类的压力。[②] 除贴合农民实际设计平台，进行"适弱化"改造的同时，也需要避免基层政府的技治主义，应保留社区居民线下参与和反馈渠道，照顾数字时代的"被边缘化"群体。同时，注意强化农村居民的法治意识，增强和培育农村居民的公共理性和政治素养，引导和规

[①] 罗晓蓉. 社会资本视域下基层党建引领农村社区治理创新研究——基于江西省基层"党建+"工作的探索与实践[J]. 岭南学刊，2019（1）：65—70.

[②] 张岳，冯梦微，易福金. 多中心治理视角下农村环境数字治理的逻辑、困境与进路[J]. 农业经济问题，2024（3）：36—53.

范农村居民参与行为[①]，避免农村居民因网络煽动进行泄愤造谣或报复性监督。社区还应该建立健全的反馈激励机制，对于提出建设性意见和建议的农村居民给予一定的奖励，包括设立积分制度、表彰优秀居民、提供优惠政策和资源支持等，以此激发他们的积极参与热情。

通过建立健全的信息反馈机制、重视农村居民的反馈信息并将其作为决策的重要依据，可以有效增强农村居民的村域认同感，提升其参与社区公共事务的意愿，促进其落实的具体行动，提升社区建设参与程度[②]，推动社区的发展。

二、服务乡村：在地联动，丰富服务供给

长期以来，政府作为农村公共服务供给主体这一模式未能得到改变，最终形成供给主体单一、供给制度和供给模式僵化，一定程度上导致农村居民参与度不高。农村居民"弱参与"受政府供给满意度、个体需求满意度和自组织的三重影响[③]，只有确立供需两侧协同改革的思路，在充分把握目前农村地区公共服务现状的基础上，优化公共服务供给结构、推进供需两侧对接、提升服务质效，按照需求程度确定供给的优先顺序，并加强区域间的协调发展[④]，构建资源共享、联合共创的公共服务供给体制，促进公共资源结构化重组和现代化改革，才能创建具有发展动力的社区服务环境，实现农村公共服务均等化和农村居民参与效能的提升。

（一）高校人才走进农村社区

随着我国乡村振兴战略的深入实施，农村社区正逐渐成为各类人才展示才华、实现价值的新舞台。高校人才走进农村社区，能够为当地经济社会发展注入新的活力。一方面，高校人才具备扎实的专业知识和技能，能够为农村社区提供技术支持和智力支持。例如，农业科技人才可以指导当地农民进行科学种植，提高农业生产效益；工程专业人才可以协助农村社区开展基础设施建设，

---

① 郑浩生. 加强农村数字平台建设，引导农村居民网络参与行为[J]. 农村工作通讯，2024 (7)：49.

② 廖文梅，陈超，李祥. 村域认同、关系网络与农村人居环境整治意愿——以江西省501个农户为例[J]. 中国农业大学学报，2023, 28 (11)：264-278.

③ 李国东. 农村居民公共文化"弱参与"的影响因素及回应策略研究——基于河南540农户的问卷调查[J]. 文化软实力研究，2024, 9 (2)：55-70.

④ 戴艳清，鲍龙. 欠发达地区农村居民公共数字文化服务参与意愿研究——基于吉林省汪清县八村的调查[J]. 档案学刊，2022 (6)：96-108.

提升生活品质。另一方面，高校人才的参与也有助于拓宽农村居民的视野，激发他们的创新精神和进取心。在与高校人才的交流互动中，农村居民可以了解到更多的外部信息，学习到先进的管理理念和生产技能，从而提高自身素质和能力。

开源引智，建立社区与区域高校合作长效机制。通过专业导师的指导与陪伴，引导更多的青年力量走进乡村，感受乡村的魅力与潜力，深入了解乡村的需求和问题，凭借其在实践中对乡村问题的敏感度和理解力，为乡村的焕新发展提出创新的实用方案。高校人才通过理论学习、实地走访调研、小组研讨交流，围绕乡村振兴综合理论学习、旅游管理、乡村文旅产业发展、乡村运营、个人综合能力提升、视野拓展等多个方面，以农村社区为课题样本，以小组形式分工完成乡村实践课题设计，促进不同专业的学员之间交叉学习，在深入乡村了解探索的同时，学习乡村运营的专业知识，综合运用多学科知识去解构乡村未来发展建设，共同绘制美好乡村发展蓝图。这一过程不仅对乡村发展具有重要的意义，也对青年人的成长和发展具有重要的价值。驻区院校较多、条件较好的农村社区，可以根据具体条件建立社会组织从业人员、社会工作专业人才、社区专职工作者及"全科社工"教育培训和创业实践基地，吸纳社会组织人员、高校社会工作相关专业的教师、学生，负责项目督导、项目执行和组织、项目资源对接等工作。[1]

总之，要加强农村社区与高校之间的交流合作，促进资源共享、优势互补，为高校人才在农村社区的发展提供更多机会和支持。农村居民也能在高校人才的帮助下，不断提升自身素质，实现农村社区的可持续发展。

（二）社会企业助力共同富裕

从近三年"中央一号文件"来看，粮食生产和重要农产品供给、脱贫攻坚、农村基础设施建设、农业现代化、乡村产业发展、乡村建设、乡村治理等方面是乡村振兴重点支持领域。乡村振兴作为国家重点发展领域，未来势必进一步加大财政资金投入及金融支持力度，鼓励更多社会资本投资。通过对乡村振兴各项财政政策和金融政策的梳理也可以发现，巩固脱贫攻坚、粮食和重要农产品稳产仍是乡村振兴未来重点发展领域。同时，2023年以来，各项政策逐渐向农业科技和装备支撑、农村人居环境整治、农村基础设施提升、现代种业、乡村富民产业等领域倾斜。企业应当把握好机遇，通过创新型的经营模式

---

[1] 戚晓明. 乡村振兴背景下农村环境治理的主体变迁与机制创新[J]. 江苏社会科学，2018（5）：31-38.

和盈利方式，推动自身的创新性发展，助力农村经济发展，提高农村居民的生活水平，帮助更多居民共享乡村产业发展成果。

首先，社会企业可以通过提供就业机会，帮助农村居民实现增收。近年来，国家和地方不断加强政策支持，为社会企业的发展提供良好的环境。在鼓励和支持社会企业发展的政策背景下，社会企业能够获得更多的资源和帮助。社会企业应当注重社会责任，在农村地区设立生产基地，为当地居民提供就业机会，减少农村劳动力向城市的流失，提高农村地区的经济发展活力。社会企业的参与还可以为居民提供学习和成长的机会，提高其综合素质和能力。和当地村社组织产生链接，是项目发展好的基础；用好当地人，在当地做好资源链接，是一个项目是否可以更长久生存之道。社会企业在乡村开展项目，可以用当地人尽量用当地人，项目可以设置基础保障岗位，吸纳村民就业，同时可以开放一些岗位给当地的年轻人，培养"项目管家"，吸纳大学生实习。

其次，社会企业可以通过技术创新和产业升级，推动农村产业的转型和升级，为农村居民提供更多的机会和选择。社会企业应不断加强创新，探索新的发展模式，提高其社会效益，为农村居民提供更多的参与机会和发展空间。通过引入新技术、新设备，提升农村产业的竞争力，帮助农村居民摆脱贫困，实现共同富裕。同时，加强社会企业的监管，确保其健康发展，防止其滥用农村居民的权利，保障农村居民的利益。企业和社区的黏性建设，需要时间去运营。社会企业可以通过开展社区公益活动，让当地人真的看到项目带来的效益，提升农村居民的文化素质和生活品质。如组织针对当地儿童的夏令营，创设社区自然学校，定期开展村民夜校、社区自然活动、村民坝坝宴等，丰富农村居民的精神文化生活，提高他们的文化素质和综合素质。

三、建设乡村：助人自助，提升社区韧性

在新时代"我国社会主要矛盾已经转化为人民日益增长的美好生活需要和不平衡不充分的发展之间的矛盾"的背景下，农村居民对美好生活的需要在精神文化需求上表现为从过去单纯的兴趣爱好向广泛的"求知、求乐、求富"的多元化需求转变，从被动接受为主转变为以自主选择为主，从较低水平、单一层次向多层次、多样性转变。因此，后期需要转变"填鸭式帮扶"的建设乡村心态，应当看到乡村的独特魅力与农民的独特价值，助推其他力量从"在场"到"离场"，通过激励机制的多循环运转，助推居民从"被服务者"向"服务者"转变，实现高质量自治。

(一) 居民在场：农村居民参与式设计

有效公众参与过程和结果能够拉近政民距离和强化政民互动，提升农村居民公共服务质量评价。在推进乡村振兴实践中，应凸显农村居民主体地位，构建"人民满意"为导向的公共服务参与生态。[①] 需要从农村居民的实际需求出发，设计出符合他们利益和需求的社会服务项目。这就要求服务供给侧在设计社会服务项目时，通过调查问卷、访谈等方式，充分听取农村居民的意见和建议，通过组织座谈会、工作坊等形式，让居民参与到服务项目的制定和实施过程中，引导居民重新认识他们的居住环境和资源禀赋，识别制约社区治理的因素并寻找机遇[②]，提高其对社会服务的认同感和满意度。这样，居民能够更好地了解社会服务的目的和意义，从而更加积极地参与其中。所有农村社区治理项目的提出与规划实施，必须在广泛听取村民意愿的基础上，通过召开村民大会、村民讨论、张榜公示等程序，方可上报上级部门审批和编写实施方案。

建设社区居民组织，逐步以主题议事的方式，对社区居民组织的团队凝聚、规则规范、参与动力等实施培育。建立社区居民组织是社区居民参与社区公共事务的"前置组织"，可收集居民关于社区治理与发展的问题及意见，在社区组织内部实施讨论、整理，进而形成统一观点再向社区居委（村委）、政府职能部门进行表达、协商、达成解决方案，实现协同参与社区治理。[③] 搭建以党支部为核心，村庄合作社、村务监督委员会、村民理事会等为支撑的"1+N"村民自治组织体系，通过实现农民的自我组织，聚焦村民日常生活的治理、回应村民对美好生活的向往，激发村级治理的内生动力，从而实现重构居民日常生活秩序、推动乡村高质量发展。[④]

需要注意的是，乡村伴随着传统改造升级后已不再是追求"大而全"的形式，更多是探索"小而美"。因此，活动带动激活乡村的形式也逐步成为流量密码。在大量利用活动激活乡村的当下，仍然还有许多问题值得商榷。当前，乡村活动多通过小成本投入搭建场景化氛围，在活动的形式宣传、活动游戏环节中通过设计社交媒体转发任务产生裂变。有一些成功的案例是以创办乡村学

[①] 郑浩生. 公众参与与农村居民公共服务质量评价[J]. 华南农业大学学报（社会科学版），2024，23（1）：25-34.

[②] 赖庆奎，晏青华，张静. 农村人居环境治理及社区参与途径研究[J]. 西南林业大学学报（社会科学），2019，3（6）：70-74.

[③] 唐南. 社区文化保育：凝聚社区居民力量参与社区治理——社会工作介入农村社区治理的探索研究[J]. 教育现代化，2019，6（60）：288-290.

[④] 曹军辉，张紧跟. 重塑乡村公共性：党建引领激活村民自治的内生路径——以湖南省沙洲村为例[J]. 探索，2024（2）：73-85.

堂的形式开展手工编织、农产品种植、厨艺比拼等小课堂，挖掘乡村手艺人、乡村美食家，从而带动更多的村民参与其中，激活乡村内生动力。活动的形式不仅融入了文化的体验，也丰富乡村的业态，充分挖掘在地文化特色激活乡村文化品牌，并将效果长期持续下去，带来源源不断的新面貌和新动力。

通过梳理相关服务项目可以发现，大多数项目的成功离不开对农村居民本身潜能的挖掘，这启示政府应将投喂式的"送文化"转变为政府—社会共建式的"种文化"，充分认识到"点餐范式"下供需的有效对接比行政范式下的"按上级指示生产，摊大饼式分配"更具有对农村居民的吸引力。[①] 居民也可以应当根据自己的偏好选择各具特色的文化产品与服务，从需求侧形成对供给侧改革的倒逼，更符合当下公共文化需求的多元化特征。因此，农村公共服务供给从"供给主导"向"需求导向"转变，形成畅通农村居民需求表达的短期策略与长效机制，形成问卷调查、走访调研、政务热线、网络信息平台等多种需求征集方式[②]，方便居民"点单"和自主"优化菜单"。

（二）社区充权：农村社区内源式发展

围绕农村居民的生产生活需求，着力推进农村社区管理规范化建设，建立基层政绩考核体制机制。不断完善农村社区卫生、社会保障、综合治理等服务体系的考核指标构建，建立医疗卫生、社区环卫、文教体育、计划生育、社会保障等服务内容及质量的考核指标体系，构建政府公共服务、村民自我服务与市场化商业服务有机结合、相互促进的社区服务体系。[③]

农民组织化是农村社区发展的内源基础。[④] 居民自组织建设包括自组织聚集、自组织维序、自组织提升三阶段。[⑤] 政府应鼓励和支持农村居民自发组织起来，建立各种形式的合作组织，参与到乡村振兴的决策、管理和监督过程中，通过开展活动、促进农村居民交往、建立组织内部规章制度等手段，从规

---

① 陈波，邵羿凌. 影响中国农村居民文化参与的因素研究——以江西省三村九十户调查为例 [J]. 中国软科学，2018（12）：56—66.
② 陈庚，崔宛. 乡村振兴中的农村居民公共文化参与：特征、影响及其优化——基于25省84个行政村的调查研究 [J]. 江汉论坛，2018（11）：153—160.
③ 程建平，杨林芳. 新型农村社区的管理之策 [J]. 人民论坛，2019（2）：64—65.
④ 李义波，姚兆余. 农民组织化：农村社区发展的内源基础 [J]. 行政论坛，2009，16（3）：62—65.
⑤ 赵定东，黄焰羿. 社区营造中的时间银行：优势、困境与改进策略——以兰溪市兰江街道为例 [J]. 社会工作与管理，2020，20（2）：71—80+91.

范、网络、信任三个层面提升农村家庭社会资本,改善农村居民参与行为。[①]加强农民合作社、农村专业大户等组织建设,为农村居民提供必要的培训和指导,提高农村居民的自我管理和服务能力。

要加强农村居民的自组织能力建设,还需要培养良好的社区氛围和合作精神。通过加强组织建设、提供培训和教育资源等方式,深度推进能力建设,重塑居民对于社区参与的概念,提高农村居民的综合素质和能力,促进居民之间的交流和合作。着重开展产业技能培训、知识科普和文化建设等各类能力建设活动,有效增强居民参与能力。例如,可以通过组织农村居民参加各种培训课程,如社区治理知识培训、项目管理培训等,以此提升他们的专业知识和能力。同时,还可以通过开展各种宣传教育活动,提高农村居民对社区治理的认识和理解。需要注意的是,不仅需要相关知识、技能等单方面的宣传灌输,更需要从心理学视角关注影响居民参与行为的其他因素,以及这些因素之间的传导机制,应通过社区教育,提升农村居民参与的信心,让其充分理解个人行为对社区的影响,承认在解决社区问题上的个人价值[②],从根本上促进其积极投身于各种社区建设。同时,还需要建立起一种积极向上的社区文化,鼓励居民敢于尝试、勇于创新,引导居民更多关注那些全局性和长远性的社区问题,而不是仅仅关注眼前利益和对个人家庭关系更直接的问题,积极为社区发展做出贡献。政府可以通过设立创新基金、举办创新大赛等方式,鼓励农村居民发挥自己的创新精神,提出新的想法和方案,推动乡村振兴的发展。

要坚持党的领导,通过培育基层社会治理组织与具有自主性的社会参与主体,发挥市场的资源配置作用,转变政府行政范式,重塑农村信任机制,来推动多元主体共同参与的农村治理共同体的培育进程。[③]以农村居民参与人居环境治理为例,为避免出现政府大包大揽,"干部在干,农民在看"的现象,应建立政府投入与农民付费的合理分担机制,引导农民对公共设施建设和管护适当出资,主动投劳。[④]此外,社会工作可以通过促进农村社区能力建设、培育农民主体意识和培育社区自组织三方面服务于农村社区治理,重构农村社区公

---

① 邱博康,林丽梅.农村居民生活垃圾合作治理的现状与政策启示——基于福建省501份村民问卷的实证分析[J].海峡科学,2021(2):70-75+78.
② 吴大磊,赵细康,石宝雅,等.农村居民参与垃圾治理环境行为的影响因素及作用机制[J].生态经济,2020,36(1):191-197.
③ 李志榕.社会治理创新语境下农村环境治理共同体培育研究[J].贵州省党校学报,2023(1):80-87.
④ 赵新民,姜蔚,程文明.基于计划行为理论的农村居民参与人居环境治理意愿研究:以新疆为例[J].生态与农村环境学报,2021,37(4):439-447.

共性，助推农村居民从"被服务者"向"服务者"转变。其中，社会工作还需重视自我发展与赋能，发展本土社会工作者，推动社会工作服务于农村社会治理可持续发展，形成强大的内生动力。[①] 社会工作服务应当以柔性、纽带的角色，由下到上的过程，配合社区居委或村委做好社区居民的工作，而非直接介入社区治理的实质工作。社会工作可以通过加强社区与外部环境的互动和交流，拓展社区发展的外部资源和空间，提高社区对外部环境的适应能力和影响力，同时，促进社区内部与外部之间的资源共享和互利共赢，拓宽居民利益获取渠道。对于做得比较好的、有实力的社会组织，地方政府应当为其"正名"，将其纳入地方政府购买公共文化服务的"资源库"，构建政府主导下的多元社会力量协同参与的公共文化服务供给机制，培育农村基层公共文化服务内生性供给的良性生态系统。[②]

[①] 郑慧玲，陈杰. 社会工作服务于农村社区治理路径研究［J］. 井冈山大学学报（社会科学版），2023，44（2）：87−93+104.

[②] 李少惠，赵军义. 农村居民公共文化服务弱参与的行动逻辑——基于经典扎根理论的探索性研究［J］. 图书与情报，2019（4）：84−91.

第七章　对策建议

乡村振兴需要农村居民的广泛参与和积极贡献。从纵向发展来看，需要加强顶层设计，构建一个全面、系统的规划蓝图，以县域为重要切入点扎实推进城乡融合发展，协调推进新型城镇化和乡村振兴。通过重点提升数字技术纵深推广度和重点打造多元人才"引、育、用、留"机制，同时健全县乡村三级联动争创先进、整顿后进机制以及各主体互促协调机制、监测反馈机制；以组织整合征召多元行动者联动共建，以行动引领动员多元行动者协同共治，加快形成党委主导、部门协同、社会助力、居民参与的工作格局，使得乡村振兴工作在政策和组织层面实现互联互通、协同发展，促进城乡要素平等交换双向流动、推进城乡公共资源均衡高效配置等；从横向发展来看，需要加强示范引领、突出阵地建设，充分挖掘在地文化、自然、社会和场域资源的潜力，树立典型示范村、展示成果、分享经验、强化政策支持和激励以及构建长效的评估、反馈、交流合作机制等；同时发挥示范村的辐射带动作用，加强区域合作，实现资源共享、优势互补，推动乡村产业集群化、规模化、特色化发展，让居民在共建共享中获得劳动权益，以利益协调保障成果共享；加快产业发展的同时通过文化传承与创新提升乡村软实力，依托"小家""大家"和各类活动，推动公私性文化协同发展，加强居民间的情感联结，以目标引领凝聚振兴共识。

动员激励居民参与乡村振兴是解决当前乡村建设问题的重要手段。通过纵向融合发展与横向示范引领相结合的方式，赋予基层农村社区一定的自主性，包括资源配置权、目标界定权等，通过赋权来激励居民发挥其主体性和能动性，实现"自上而下""自下而上"双向激励机制的有效构建，通过推动"技术下乡""人才下乡"等，实现乡村产业、人才、文化、组织、生态的全面振兴。同时，需要加大政策引导和支持力度，为农村居民参与乡村振兴提供有力保障。

一、技术人才双流通，强化自上而下的激励

（一）数字赋能乡村，提升居民生活质量

2024年中央一号文件《中共中央 国务院关于学习运用"千村示范、万村整治"工程经验有力有效推进乡村全面振兴的意见》在推进农村基础设施补短板中提到：要持续实施数字乡村发展行动，发展智慧农业，缩小城乡"数字鸿沟"。鼓励有条件的省份统筹建设区域性大数据平台，加强农业生产经营、农村社会管理等涉农信息协同共享。数字乡村建设是一个涉及多个方面、具有复杂性和长期性的系统过程，为促进居民参与，可将乡村经济数字化、乡村治理数字化两个方面作为重点展开。

一是乡村经济数字化。持续加大农村地区互联网等基础设施建设，缩小城乡居民参与门槛差距，通过电子商务平台、智慧农业等手段，促进农产品销售、农村旅游、乡村产业等经济发展，提高农民收入和乡村经济水平。研究表明，电商参与会给中西部农村居民带来显著的福利效应，通过改善社会信任、提高收入进而提高农村居民幸福感。[1] 积极倡导并推广"互联网＋三农"模式，以农业数字化转型为突破口，推广智能农机具、精准农业技术等，提高农业生产智能化和精准化水平，在提升农业生产效率的同时降低环境压力和资源消耗。通过数字化手段整合农业产业链上的各个环节，包括种植、养殖、加工、销售等，实现产业链的透明化和高效协同，提升农产品的附加值和竞争力。此外，通过数字化技术，保护和传承乡村传统文化，推动乡村文化创新和发展，提高乡村文化的软实力和影响力。例如，通过数字赋能乡村旅游，推出村庄个性化IP形象、提供乡村自助旅拍服务的创新理念、改造非遗蜡染工坊、引入康氧项目，以及打造乡村茶酒文化室等，通过多元化方式展现乡村特色，促进当地经济发展。此外，中国乡村逐渐打破了传统的"村—镇—县"三级消费空间体系，形成"日常消费在村庄、高级消费在县城、便利消费在线上"的新型消费空间结构。以消费为重要抓手，充分发挥数字技术和网络平台作用，促进城乡融合，提升居民生活质量。

二是乡村治理数字化，推进城乡基本公共服务均等化。运用大数据分析、智能化决策等数字化手段，提高乡村治理的精准性、科学性和民主性。从基础

---

[1] 白林，吕明阳，种聪. 数字经济背景下电商发展对农村居民幸福感的影响［J］. 农业现代化研究，2024，45（3）.

设施建设入手，优先完善农村地区的宽带网络和移动通信网络覆盖，通过提升网络带宽、降低通信成本，为农村居民提供稳定、高速的互联网接入服务。一方面，建立数字化的村务管理系统和公共服务平台，实现村务信息的实时更新和公开透明，为农村居民提供便捷的信息查询、业务办理等服务，提升农村居民对村务的参与度和监督力度，促进乡村治理的民主化和法治化。另一方面，要引导农村居民正确使用互联网媒介参与社区治理，推动非制度化政治参与向制度化政治参与的转换[①]，促进政府、企业、农户之间的信息交流与合作。此外，建立县域统筹机制，加快实现城乡基础设施统一规划、建设、管护，优化城乡教育、医疗、文化、社会保障等资源配置，逐步缩小城乡差距。利用数字化技术，加强乡村地区的公共安全监控和应急响应能力，通过安装摄像头、传感器等设备，实时监测乡村治安、环境监测等情况，确保乡村社会的和谐稳定；推广远程教育、远程医疗、智能交通等数字化建设，提高乡村公共服务的便捷性、普惠性和均等性，改善农民生产生活条件。

数字乡村建设应坚持因地制宜、循序渐进的原则，结合当地实际情况和发展需求来制定具体的实施方案和计划。数字经济赋能乡村振兴存在空间溢出效应，数字经济优先促进邻近地区的乡村振兴，应采取差异化发展战略提高乡村振兴的发展水平。[②] 此外，研究表明，数字素养显著正向影响农村居民全方位的数字生活参与度，社会网络、自我效能感和社会学习在其中发挥部分中介作用。[③] 因此，除硬件设施建设外，要全面提升农村居民数字素养，健全数字教育培育体系，如在社区数字治理平台内置功能说明书与操作手册，积极引导农村居民正视数字焦虑；加强数字技术与地方文化的融合，帮助其培养成功的数字生活体验；提升居民的价值认同和学习能力，逐步形成数字化思维和行为方式，从而激发其创新乡村数字生活参与方式的主体活力。

（二）建设人才机制，拓展居民参与空间

在我国劳动力市场转型和乡村振兴战略的大背景下，社会广泛关注乡村建设中青年一代的角色和参与机制。2024年中央一号文件强调，要进一步推进城乡人才要素双向流动。当前，必须在精准识别青年人才的内部异质性的基础上，建立一套"全方位引才、育才、用才、留才"的机制，促进人才回归、资

---

① 苏宗伟，姚祈春，李欢. 社会公平感如何影响农村居民制度化政治参与？——基于五期CGSS的实证研究[J]. 公共管理评论，2023，5（1）：95-117.
② 王慧莹. 浙江省数字经济赋能乡村振兴的机制研究[D]. 浙江科技大学，2024.
③ 李强，孟如. 数字素养是乡村生活数字化转型的驱动力吗？——基于山东省1037位农村居民的调研数据[J]. 西北农林科技大学学报（社会科学版），2024，24（2）：140-150.

源回乡、项目回流。

其一，引才。要健全党管人才领导体制机制、保障措施、经费投入等制度，积极引进急需、紧缺的高学历人才、文旅管理人才，为农村发展提供各方面人才支持。健全有利于城乡流动的体制机制，精准化开展校地项目对接，常态化自治对接县域产业项目，规模化动员青年志愿服务和建设乡村。如浙江省通过实施"两进两回"行动，引导科技进乡村、资金进乡村，青年回农村、乡贤回农村，加大三支一扶、基层公职招录力度，提供发展平台，引导经济发展带头人、"农创客""田秀才"等各类人才投身乡村建设。此外，要加大干部资源倾斜，建立稳定持续的干部交流机制，选派优秀金融干部到乡村挂职，持续选派干部下沉农村担任驻村第一书记，为乡村振兴注入新鲜活力。还可以通过建立在外学子联系招引机制，组织大学生返乡社会实践。

其二，育才。要结合村两委换届，深挖本土人才，选出政治素质高、致富能力强、乡土情结重的"火车头"，依托专业支持体系，提升基层工作人员的专业能力，尤其是解决特殊个案实践难题的能力；加大日常精细化培训培养力度，培育新型职业农民，开展农业技术、致富经验推广，造就一批扎根农村的"土专家"和农业职业经理人；依托教育资源，鼓励农民通过弹性学制接受中高等农业职业教育；向居民开展公益性社区参与指导服务活动，多途径、多方法地实现对社区资源的收集、整合与递送，增强与居民的精准服务和互联互通。此外，加快农村社会工作人才队伍建设，通过完善本土化职业发展制度、提升农村社会工作者的专业素质水平等[1]，建设训练有素又具备地方性知识、熟悉政府工作又能扎根基层的社会工作人才队伍。

其三，用才。一方面，推动农村人才评价机制变革，破除唯学历、唯资历、唯论文、唯奖项倾向。组织上保障农村基层干部的物质待遇和奖励机制，提升其工作积极性和创造性；引导农村居民支持、理解、尊重基层干部，形成良好的官民氛围，让新生代基层干部有动力、有期待，更好地服务于农村社区居民。尽量减少青年干部参与村级事务中随机性和形式化的工作类型的频次，如打杂、整理文档与台账资料等边缘性任务，以免青年干部出现应付式思维和职业倦怠感。另一方面，持续构建开放有效的政策环境、支持创新创业的工作环境，激励人才在乡村大施所能、大展才华、大显身手。通过优化合作联合、重塑乡村产业，担当价值示范与文化引领者、村庄生态建设者与信息链接者，

---

[1] 赵素燕，孔筱满. 乡村振兴背景下农村社会工作人才队伍建设研究——以山西省L市为例[J]. 忻州师范学院学报，2024，40（2）：88-93.

再农化者成为实现乡村振兴的中坚农民。① 应积极服务在外青年返乡就业，推动更多的乡村青年逐渐由"背井离乡"转变为"离城还乡"，为家乡的发展贡献自己的力量；同时提升青年兴乡技能，培育青年县域创业项目，帮助返乡青年将自己掌握的新思维、新理念、新技术有效地引入农业、农村和农民生活领域，推动产业优化升级，弥合城乡鸿沟，为全面实施乡村振兴战略注入强大动力。陕西省商洛市政府推出的"归雁计划"，就成功动员了许多年轻人才返乡担任村（社区）干部，聘请千余名在外党员人才担任村级发展顾问。②

其四，留才。以情留人，用家乡情留住本地人，用发展情留住外来人，同时注意调和新老村民之间潜在的利益冲突，不应当忽略"老村民"的声音③；改善基础设施建设，提高农村基本公共服务水平，增强农村对人才的吸引力；以待遇留人，打通晋升渠道、提升薪资待遇把人留在乡村；以发展留人，完善产业结构，增强产业活力；大力培育农村社会组织，发挥"孵化器"作用，塑造友好型专业发展生态环境。④

二、产业文化两驱动，强化自下而上的激励

（一）产业融合发展，激励居民全程性参与

利益是吸引农村居民参与的第一驱动力。农村居民的利益需求包括物质利益和非物质利益，如收入增加、生活质量改善、社会地位提升等。农村产业高质量发展能为农村居民提供更多的就业机会，满足居民的利益需求。农村产业高质量发展不是对原有农业产业、农村经济发展模式和农民生活方式的颠覆，而是以新型农业产业为载体，带动农村经济社会发展、促进城乡融合、实现共同富裕的重要方式。⑤ 应通过政策引导和资源配置，向农村居民通俗易懂地解释清楚其中的变化和关联，更好实现其参与农村产业发展的全过程。具体而

---

① 王月，张强强，霍学喜. 子承父业的再农化与乡村振兴［J］. 农业经济问题，2023（11）：132-144.

② 中国组织人事报.「亮点」陕西商洛：1100 名人才返乡担任村干部［EB/OL］. ［2024-03-23］. https://baijiahao.baidu.com/s?id=1770099719972815154&wfr=spider&for=pc.

③ 王怡. 生活方式下乡与价值博弈：一项基于青年自发参与未来乡村实验的研究［J］. 中国农业大学学报（社会科学版），2023，40（4）：22-34.

④ 卫小将，黄雨晴. 乡村振兴背景下农村社会工作人才队伍建设研究［J］. 中共中央党校（国家行政学院）学报，2022，26（1）：104-112.

⑤ 谢辉，谭冰，李文杰. 乡村旅游高质量发展与共同富裕的耦合机理分析［J］. 南方农机，2024，55（5）：107-110.

言，应当聚焦发展壮大农村集体经济目标，坚持科学施策、分类推进，努力让农村居民的"钱袋子"鼓起来，才能打消居民参与社区公共发展性事务的"后顾之忧"。

发展农村经济，土地是第一资源，也是第一优势。一方面，要把盘活土地资源作为一剂"良方"，扎实开展村级集体资产清理工作。加快推进农地"三权分置"改革，盘活农村土地资源，推动农村土地由资源向资本资产转化。[①]严格规范不合理发包合同，规范村级土地发包程序，推动实现"就地取财"。采取市场运营开发一批、集体经济使用一批、公益事业改造一批等方式，盘活利用农村各类闲置资源，整合聚集土地进行规模化经营，推动农村资源资产化、资产资本化和资本股份化。另一方面，结合农村土地优势，深入挖掘各地"土特产"的独特性，比如地理标志产品、传统手工艺品等，强调其地域文化背景和历史传承，打造具有鲜明地方特色的品牌，并通过质量认证、地理标志注册等方式增强产品的市场认可度，利用电子商务平台、社交媒体推广等现代营销手段提高产品的知名度和影响力，以产品背后的故事吸引消费者的情感共鸣，提升产品附加值。

要抓好资源整合，基于当地发展条件与外部市场环境，整合劳动力、土地、资本等基本生产要素，通过产业培育、产业调整、产业升级与产业转型，优化空间布局，延伸产业链条，完善产业体系，以实现乡村产业内部良性均衡发展与对外产生输出价值。[②]一方面，政府要主动发挥引导作用，采用贴息、补助等方式，鼓励多种性质的投资主体积极参与，实现公益性投资运作机制与盈利性运营成果有机结合。科学规划产业布局，引导农户规模化、标准化生产，避免同质化竞争，实现规模效益。另一方面，要深挖当地优势资源，统筹发展乡村旅游、体验式农业、红色文化等特色产业，推动一产（农业）与二产（加工）、三产（服务、旅游）深度融合，实现村级集体经济多元化增收。建立合理的利益联结机制，如利润返还、股份合作等，确保农民能够从产业升级中获得实实在在的收益。

完善县乡村三级农业社会化服务体系运行机制，联农带农，共享发展成果。国家输入的公共资源只有以高度社会化的方式与农民互动时，农民才可能按照特定的行动逻辑将"国家"内化于心，国家权力才算实现了社会合法性的

---

① 李灿，吴顺辉，李景刚. 村庄发展、资源禀赋认知与农村居民参与村庄建设意愿——基于575份农村居民问卷调查的实证分析[J]. 农林经济管理学报，2021，20（4）：542−551.

② 徐雨利，龙花楼，屠爽爽，等. 乡村振兴视域下产业重构的理论解析与模式研究——以广西为例[J]. 地理科学进展，2024，43（3）：434−445.

确认和再生产。[1] 应尽量减少村民间的收入、教育差距，降低村民的"相对剥夺感"，增加村民在社会发展过程中的幸福感与获得感，让他们切身感受到社会发展带给其自身阶层地位的提高。[2] 农村企业尤其是龙头企业要深入参与农副产品精深加工、系列开发、转化增值等，提升产品技术含量和创新能力，开发适应市场需求的新产品。此外，通过提供技术指导、资金支持、市场信息等服务，帮助农民提升生产技能，带动农民合作社、家庭农场、专业大户、小微企业等多元主体，逐步实现全程全链便捷服务，形成产业链上下游协同发展的格局，将自上而下输入的公共资源转化为推动乡村社会开展自主建设的内生要素。

（二）情感治理，助推居民责任性参与

以"人情"作为社区连接的方法，为乡村文化赋能，重塑农村社区公共性，推动治理现代化。乡村社会凝聚力是维系旅游型村落共同体的核心纽带，由基于经济利益的乡村物质凝聚力、基于主体地位的乡村制度凝聚力、基于地方认同的乡村精神凝聚力所构成。[3] 要重塑乡村社会凝聚力、促进居民参与，除建立利益分配机制、保障居民主体地位外，需动员农村居民和多方主体共同参与，以公共领域为基础，以建立公共性社区为目标，培育地方综合认同，同时优化社会动员，实现居民参与从服从式动员转变为赋权式动员，实现从"由基层动员"向"在基层动员"的主体与场域的转化，赋予居民关注自身所需的权利。[4] 缺乏多元主体参与的治理仅是简单"管理"，背离了公共治理本质。应从发掘并重塑家庭和家族两种原始性村域社会资本、培育业缘为基础的新型村域社会资本两个方面入手培育现代村域社会资本，完善村规民约，加强沟通机制建设，促进农村居民参与。[5]

以"小家"串"大家"，加强农村居民间的情感交流和互动。通过举办各种活动，如文化节、运动会、互助组等，以及志愿者服务、公益活动、福利派送等，促进居民之间的交流和互动，增强彼此之间的情感联系，提升居民乐于

---

[1] 印子. 乡村振兴中国家与农民关系的社会化调适[J]. 武汉大学学报（哲学社会科学版），2024，77（1）：163-172.

[2] 裴志军，何晨. 社会网络结构、主观阶层地位与农村居民的环境治理参与——以垃圾分类行为为例[J]. 安徽农业大学学报（社会科学版），2019，28（1）：27-34.

[3] 张春燕，周梦. 旅游型村落共同体演变的表征与动力——社会凝聚力视角下的多案例分析[J]. 江汉论坛，2023（7）：129-136.

[4] 徐炜，刘博维. 社区居民参与基层治理的社会动员研究[J]. 求实，2024（1）：71-83.

[5] 邱博康，孔令明，林丽梅. 村域社会资本对农村居民参与环境治理的影响机理研究[J]. 安徽农学通报，2021，27（1）：6-9+24.

参与社区活动的意愿，并将意愿转化为持续实际行动，进一步巩固社区居民的参与感和凝聚力。① 此外，发动群众力量，让社区参与意识在居民的亲属圈、朋友圈中广泛传播，利用农村居民情感关系的联结督促居民的参与行为、促进农村居民良好参与习惯与较高参与能力的形成②，营造一种社区共同体氛围和精神。研究表明，以公共精神维系和凝聚居民主体，使其对农村有归属感、对公共决策有共识、对公共利益有维护的意识、对公共责任有担当、对公共事务有参与的意愿③，能够有效提升农村社区治理效果，增强农村发展的稳定性和可持续发展能力。同时，居民从不认识到认识，这种关系的形成具有不可逆性，这将成为社区里最为重要的社会资本。④

以"大家"佑"小家"，发挥宗族网络的独特优势。研究表明，宗族网络能够显著提高村民参与公共事务的意愿，宗族网络规模越大，村民参与公共事务的意愿就越强。⑤ 传统以血缘为基础的宗族网络在乡村公共物品供给中仍然会发挥着重要的作用，并且具有正式制度无法比拟的优势。⑥ 应当在继承传统乡土社会治理方式的基础上，充分发挥宗族网络在信任和互助方面有利的作用，利用家族力量增强农村基层组织认同权，吸引财力权威、乡贤权威等精英填补农村社会结构洞，挖掘和培育城乡间的联结权威精英以增强城乡居民的互动与合作，形成有利于乡村内生发展的文化心理与制度结构⑦，从而建立起"多方参与、多元治理"的社会治理新模式，填补乡村转型时期的社会治理真空，助力农村居民参与乡村振兴。此外，通过开展农村居民互助合作项目，增强农村居民的人际信任和制度信任；增加农村休闲资源供给和休闲基础设施建设，推动休闲教育普及，促进农村居民在闲暇时间更多地参与社区活动⑧；开

---

① 周红素. 乡村振兴背景下农村韧性社区建设：维度构建与推进策略 [J]. 湖北农业科学, 2022, 61 (2)：117-122+142.
② 卢智增, 黄圣赟. 农村人居环境与居民健康协同发展研究 [J]. 社科纵横, 2022, 37 (6)：121-128.
③ 王海娟. 共享发展理念下农村社区治理的实践困境及路径探析 [J]. 创新, 2020, 14 (3)：23-28.
④ 唐有财. 公共危机背景下社区共同体的构建 [J]. 社会科学辑刊, 2023 (1)：86-94.
⑤ 李荣彬. 农村居民公共事务参与的治理之道——来自宗族网络的证据与解释 [J]. 经济社会体制比较, 2021 (5)：129-138.
⑥ 王丹利, 陆铭. 农村公共品提供：社会与政府的互补机制 [J]. 经济研究, 2020, 55 (9)：155-173.
⑦ 陈军民. 社会网络结构视域下乡村振兴的内生动力培育 [J]. 河南科技学院学报, 2021, 41 (3)：16-21.
⑧ 李卫飞, 石少湘, 袁琳. 城乡居民休闲生活方式差异及影响因素研究 [J]. 旅游导刊, 2022, 6 (5)：50-68.

展协商议事与邻里互助，营造相互信任、互惠互利的社会风尚①，推动社区成员互动，让居民就社区发展发表自己的意见和建议，共同商讨和解决问题，让其感受到自己的意见和建议被重视和采纳，激发村民主体性意识，提升农村居民的自我价值感，有助于将个体化、原子化的村民组织起来，实现邻里互助以及社区自治。同时，也要强化从村民、驻村工作者到村域外来人员的村域全员乡村情感文化培育②，推动驻村社工机构与乡村振兴有效融合，共同助力农村居民在乡村振兴战略实施中发挥主体作用的优势治理新模式。

随着农村居民流动性越来越高，乡村基层治理的复杂程度越来越高，人情社会应当向现代契约社区转变，更好地培养群众契约精神。地方政府和社区两委要加强引导，因地制宜地重新制定村规民约，在尊重风俗人情和注重普适性的前提下，融入契约精神，强调公平公正，强化村民契约意识。通过回顾乡村建设历史，发展"反思性的乡村振兴"新方法③。党员干部们要带头遵循，为广大群众率先垂范。

---

① 谭宗佳，穆兰，罗春霞. 社会信任数字素养对农户参与水污染治理意愿的影响——基于427位农户的调查数据 [J]. 农业与技术，2023，43（11）：85-91.
② 陈怀宇，张子源，吴志杰. 主体性视角下互助养老何以助力乡村振兴战略？——基于X社会工作机构互助养老项目的个案调查 [J]. 东北农业大学学报（社会科学版），2021，19（6）：86-94.
③ 萧子扬，刘清斌，桑萌. 社会工作参与乡村振兴：何以可能和何以可为？[J]. 农林经济管理学报，2019，18（2）：224-232.

参考文献

[1] C. E. 布莱克. 现代化的动力［M］. 段小光，译. 成都：四川人民出版社，1988.

[2] Phillip L. Rice. 健康心理学［M］. 胡佩诚，等译. 北京：中国轻工业出版社，2000.

[3] 理查德·C. 博克斯. 公民治理：引领 21 世纪的美国社区［M］. 孙柏瑛，等译. 北京：中国人民大学出版社，2005.

[4] S. N. 艾森斯塔德. 现代化：抗拒与变迁［M］. 陈育国，张旅平，译. 北京：中国人民大学出版社，1988.

[5] 阿尔伯特·艾利斯，黛比·约菲·艾利斯. 理性情绪行为疗法［M］. 郭建中，叶建国，郭本禹，译. 重庆：重庆大学出版社，2015.

[6] 阿历克斯·英克尔斯. 人的现代化素质探索［M］. 曹中德，等译. 天津：天津社会科学院出版社，1995.

[7] 阿伦·贝克，布拉德·奥尔福德. 抑郁症［M］. 杨芳，等译. 2 版. 北京：机械工业出版社，2014.

[8] 爱德华·C. 托尔曼. 动物和人的目的性行为［M］. 李维，译. 杭州：浙江教育出版社，1999.

[9] 保罗·C. 纳特，罗伯特·W. 巴可夫. 公共和第三部门组织的战略管理［M］. 陈振明，等译. 北京：中国人民大学出版社，2001.

[10] 布尔迪厄. 文化资本与社会炼金术. 布尔迪厄访谈录［M］. 包亚明，译. 上海：上海人民出版社，1997.

[11] 彼得·M. 布劳. 社会生活中的交换与权力［M］. 孙非，张黎勤，译. 北京：华夏出版社，1988.

[12] 哈诺德·J. 克莱姆. 经济动员准备［M］. 库桂生，张炳顺，译. 北京：北京理工大学出版社，2007.

[13] 赫伯特·西蒙. 西蒙选集［M］. 黄涛，译. 北京：首都经济贸易大学出版社，2002.

[14] 加里·S. 贝克尔. 人类行为的经济分析[M]. 王业宇, 陈琪, 译. 上海：上海人民出版社, 1995.

[15] 约翰·M. 凯恩斯. 就业、利息和货币通论[M]. 高鸿业, 译. 北京：商务印书馆, 2021.

[16] 肯尼斯·J. 阿罗. 社会选择与个人价值[M]. 丁剑峰, 译. 2版. 上海：上海人民出版社, 2010.

[17] 卢梭. 社会契约论[M]. 何兆武, 译. 北京：商务印书馆, 1980.

[18] 詹姆斯·N. 罗西瑙. 没有政府的治理[M]. 张胜军, 刘小林, 等译. 南昌：江西人民出版社, 2001.

[19] 曼瑟尔·奥尔森. 集体行动的逻辑[M]. 陈郁, 等译. 上海：上海人民出版社, 1995.

[20] 米歇尔·G. 克拉斯克. 认知行为疗法[M]. 郭成, 方红, 译. 重庆：重庆大学出版社, 2021.

[21] 艾尔东·莫里斯, 卡洛尔·麦克拉吉·缪勒. 社会运动理论的前沿领域[M]. 刘能, 等译. 北京：北京大学出版社, 2002.

[22] 罗伯特·D. 帕特南. 独自打保龄[M]. 刘波, 等译. 北京：中国政法大学出版社, 2018.

[23] 罗伯特·D. 帕特南. 使民主运转起来[M]. 王列, 赖海榕, 译. 南昌：江西人民出版社, 2001.

[24] 塞缪尔·P. 亨廷顿. 变革社会中的政治秩序[M]. 王冠华, 等译. 上海：上海人民出版社, 2008.

[25] 亚当·斯密. 国富论（下）[M]. 郭大力, 王亚南, 译. 北京：商务印书馆, 2014.

[26] 约翰·克莱顿·托马斯. 公共决策中的公民参与[M]. 孙柏瑛, 等译. 北京：中国人民大学出版社, 2010.

[27] 詹姆斯·M. 布坎南, 戈登·塔洛克. 同意的计算：立宪民主的逻辑基础[M]. 陈光金, 译. 北京：中国社会科学出版社, 2000.

[28] 詹姆斯. R. 汤森, 布兰特利. 沃马克. 中国政治[M]. 顾速, 董方, 译. 南京：江苏人民出版社, 2003.

[29] 詹姆斯·S. 科尔曼. 社会理论的基础[M]. 邓方, 译. 北京：社会科学文献出版社, 1992.

[30] 蔡志强. 社会动员论——基于治理现代化的视角[M]. 南京：江苏人民出版社, 2013.

[31] 岑国桢，李正云，等. 学校心理干预的技术与应用［M］. 南宁：广西教育出版社，1999.

[32] 程胜利. 社会政策概论［M］. 济南：山东人民出版社，2012.

[33] 邓伟志. 社会学辞典［M］. 上海：上海辞书出版社，2009.

[34] 范明林. 社会工作理论与实务［M］. 上海：上海大学出版社，2007.

[35] 符平. 市场的社会逻辑［M］. 北京：生活·读书·新知三联书店，2013.

[36] 付耀华. 县级政府公信力及其多元治理模式研究［M］. 昆明：云南大学出版社，2016.

[37] 龚育之. 中国二十世纪通鉴［M］. 北京：线装书局，2002.

[38] 侯钧生. 西方社会学理论教程［M］. 天津：南开大学出版社，2001.

[39] 贾西津. 中国公民参与［M］. 北京：社会科学文献出版社，2008.

[40] 黎昕. 转型中的城市社区建设［M］. 福州：福建人民出版社，2004.

[41] 林尚立. 当代中国政治形态［M］. 天津：天津人民出版社，2000.

[42] 马明杰. 权力经营与经营式动员［M］. 厦门：鹭江出版社，2000.

[43] 申可君. 城市社区居民参与机制研究［M］. 北京：中国传媒大学出版社，2016.

[44] 施雪华. 政治科学原理［M］. 广州：中山大学出版社，2001.

[45] 中共中央文献研究室. 十七大以来重要文献选编［M］. 北京：中央文献出版社，2009.

[46] 石永义，刘云萼，张璋，等. 现代政治学原理［M］. 北京：中国人民大学出版社，2000.

[47] 孙柏瑛，杜英歌. 地方治理中的有序公民参与［M］. 北京：中国人民大学出版社，2013.

[48] 孙立平，晋军，何红穗，毕向阳，等. 动员与参与：第三部门募捐机制个案研究［M］. 杭州：浙江人民出版社，1999.

[49] 陶东明，陈明明. 当代中国政治参与［M］. 杭州：浙江人民出版社，1998.

[50] 王琳. 城市社区治理与保障研究［M］. 北京：北京理工大学出版社. 2010.

[51] 王锡锌. 行政过程中公众参与的制度实践［M］. 北京：中国法制出版社，2008.

[52] 晓亮. 中国经济科学年鉴（1985）［M］. 北京：经济科学出版社，1985.

[53] 徐永祥. 社区发展论［M］. 上海：华东理工大学出版社，2000.

[54] 严强. 公共政策学基础［M］. 北京：高等教育出版社，2016.

[55] 俞可平. 全球治理［M］. 北京：社会科学文献出版社，2003.

[56] 原宗丽. 参与式民主理论研究［M］. 北京：中国社会科学出版社，2011.

[57] 张理义. 临床心理学［M］. 北京：人民军医出版社，2003.

[58] 张蔚萍. 中国思想政治工作年鉴：2013年3月—2015年12月［M］. 北京：中共中央党校出版社，2016.

[59] 周晨虹. 社区管理学［M］. 武汉：华中科技大学出版社. 2018.

[60] 安文涛，回婷婷. 乡村振兴背景下村民参与乡村建设路径研究［J］. 南方农机，2022（2）.

[61] 白昌易. 浅析社区治理中的公民参与问题［J］. 黑龙江科技信息，2012（36）.

[62] 白林，吕明阳，种聪. 数字经济背景下电商发展对农村居民幸福感的影响［J］. 农业现代化研究，2024，45（3）.

[63] 鲍勃·杰索普，漆燕. 治理的兴起及其失败的风险：以经济发展为例的论述［J］. 国际社会科学杂志，1999（1）.

[64] 边防，赵鹏军，张衔春，屠李. 新时期我国乡村规划农民公众参与模式研究［J］. 现代城市研究，2015（4）.

[65] 边燕杰，王学旺. 社会资本与乡村法治：亲友联系的作用机制［J］. 河南社会科学，2021，29（3）.

[66] 曹军辉，张紧跟. 重塑乡村公共性：党建引领激活村民自治的内生路径——以湖南省沙洲村为例［J］. 探索，2024（2）.

[67] 曾凡军，韦锦银. 乡村振兴中的农民参与：现实困境与实现策略［J］. 湖北行政学院学报，2019（3）.

[68] 曾祥龙，刘翔平，于是. 接纳与承诺疗法的理论背景、实证研究与未来发展［J］. 心理科学进展，2011，19（7）.

[69] 陈彬. 关于理性选择理论的思考［J］. 东南学术，2006（1）.

[70] 陈炳辉. 人民主权与公民参与——卢梭的公民参与理论及其启示［J］. 徐州工程学院学报（社会科学版），2013，28（3）.

[71] 陈波，鲁明媚. 乡村治理中的情境博弈、策略选择与利益协调——基于鄂西L县政府贫困治理的案例分析［J］. 学习与实践，2024（2）.

[72] 陈波，邵羿凌. 影响中国农村居民文化参与的因素研究——以江西省三

村九十户调查为例［J］. 中国软科学, 2018（12）.

［73］陈成文, 王祖霖. "碎片化"困境与社会力量扶贫的机制创新［J］. 中州学刊, 2017（4）.

［74］陈庚, 崔宛. 乡村振兴中的农村居民公共文化参与: 特征、影响及其优化——基于25省84个行政村的调查研究［J］. 江汉论坛, 2018（11）.

［75］陈浩, 王皓月. 农村公共服务高质量发展的内涵阐释与策略演化［J］. 中国人口·资源与环境, 2022, 32（10）.

［76］陈科霖, 张演锋. 政社关系的理顺与法治化塑造——社会组织参与社区治理的空间与进路［J］. 北京行政学院学报, 2020（1）.

［77］陈立民, 张卫, 姚杜鹃, 等. 西方儿童和青少年品行障碍的干预研究评析［J］. 中国健康心理学杂志, 2007（6）.

［78］陈锡文. 从农村改革四十年看乡村振兴战略的提出［J］. 行政管理改革, 2018（4）.

［79］陈玉生. 新农村建设中的社会动员［J］. 甘肃理论学刊, 2006（3）.

［80］陈远岭, 徐俊冕, 李一云, 等. 认知行为治疗对抑郁性神经症的疗效研究——六个月和十二个月随访［J］. 中国心理卫生杂志, 1996（5）.

［81］陈远岭, 徐俊冕. 强迫症的认知行为治疗模式［J］. 心理科学, 1994（5）.

［82］陈正. 农村社区文化建设中的居民参与研究［J］. 佳木斯职业学院学报, 2021, 37（4）.

［83］程建平, 杨林芳. 新型农村社区的管理之策［J］. 人民论坛, 2019（2）.

［84］程跃, 韩春梅. 不同媒体使用情况对农村居民政治参与的影响——基于CGSS2017的实证分析［J］. 东南传播, 2023（3）.

［85］丛囡, 邹农俭. 社区参与不足的困境与突破［J］. 中国发展, 2009, 9（4）.

［86］戴艳清, 鲍龙. 欠发达地区农村居民公共数字文化服务参与意愿研究——基于吉林省汪清县八村的调查［J］. 档案学刊, 2022（6）.

［87］戴艳清, 孙英姿. 农村居民公共数字文化服务参与的演变规律与发展逻辑［J］. 图书馆论坛, 2023, 43（10）.

［88］邓万春. 社会动员: 能力与方向［J］. 中国农业大学学报（社会科学版）, 2007（1）.

［89］邓文. 简论苏区政治动员的形式及内容［J］. 党史文苑（下半月学术版）, 2008（1）.

［90］邓雅丹，葛道顺. 社会心理视角下的社区参与［J］. 甘肃社会科学，2020（3）.

［91］丁颖. 社会资本参与农村环境治理的现实困境与消解策略［J］. 农业经济，2021（10）.

［92］董洪哲. 理性情绪疗法视角下新型冠状病毒肺炎公共危机事件的网络舆情治理［J］. 医学与社会，2020，33（5）.

［93］董明. 理性的社会选择何以可能？——简评科尔曼理性选择理论［J］. 湖北行政学院学报，2004（6）.

［94］董石桃. 公民参与和民主发展的内在关联——一项思想史的考察［J］. 南京政治学院学报，2015，31（1）.

［95］范毅. 从农民权利看待新农村建设［J］. 学术界，2006（5）.

［96］方洁，翁馨."上岸"偏好：一流高校毕业生走向体制内的就业选择——基于理性选择理论的分析［J］. 中国青年研究，2023（5）.

［97］费爱华. 新形势下的社会动员模式研究［J］. 南京社会科学，2009（8）.

［98］弗兰·汤克斯，李熠煜. 信任、社会资本与经济［J］. 马克思主义与现实，2002（5）.

［99］付诚，王一. 公民参与社区治理的现实困境及对策［J］. 社会科学战线，2014（11）.

［100］付莲莲，邓群钊. 农户参与新农村社区公共品供给的博弈分析［J］. 生态经济，2015，31（7）.

［101］甘泉，骆郁廷. 论社会动员的实现路径［J］. 江淮论坛，2014（4）.

［102］甘泉，骆郁廷. 社会动员的本质探析［J］. 学术探索，2011（6）.

［103］甘泉. 略论中国共产党社会动员的基本经验［J］. 江汉论坛，2013（10）.

［104］高连克. 论科尔曼的理性选择理论［J］. 集美大学学报（哲学社会科学版），2005（3）.

［105］高万红，陆丽娜. 精神科社会工作实践研究——以昆明Y医院为例［J］. 浙江工商大学学报，2017（4）.

［106］龚莹，王燕，王雪舜，等. 居民参与农村社区治理主动性行为的影响因素研究——基于雅安市465位农村社区居民的调查［J］. 中国农业资源与区划，2019，40（12）.

［107］关浩杰. 乡村振兴战略的内涵、思路与政策取向［J］. 农业经济，2018（10）.

[108] 郭继兰. 走出直接民主的困境——代议制民主理论的产生和发展 [J]. 哈尔滨工业大学学报（社会科学版），2009，11（6）.

[109] 郭维平，左军. 中国共产党的社会动员模式研究 [J]. 扬州大学学报（人文社会科学版），2011，15（1）.

[110] 国务院印发《"十四五"推进农业农村现代化规划》[J]. 中国农业会计，2022（4）.

[111] 韩鹏云，张钟杰. 乡村文化发展的治理困局及破解之道 [J]. 长白学刊，2017（4）.

[112] 郝晓宁，薄涛. 突发事件应急社会动员机制研究 [J]. 中国行政管理，2010（7）.

[113] 贺芒，杨童节. 城市社区居民参与社区治理的动力及类型研究——基于C市3个社区的实例考察 [J]. 创新，2021，15（4）.

[114] 贺治方. 国家治理现代化视域下社会动员转型研究 [J]. 湖湘论坛，2018，31（5）.

[115] 洪天云. 高质量实施乡村振兴战略 [J]. 秘书工作，2022（4）.

[116] 胡荣，池上新. 社会资本、政府绩效与农村居民的政府信任 [J]. 中共天津市委党校学报，2016，18（2）.

[117] 胡拥军，周戎桢. 乡村精英与农村社区公共产品自主供给——基于"熟人社会"的场域 [J]. 西南农业大学学报（社会科学版），2008，6（4）.

[118] 黄爱教. 从文化旁观者到参与者：乡村振兴的文化权利及其实现 [J]. 新疆社会科学，2019（1）.

[119] 黄立丰. 近二十年来社会动员问题研究的回顾与思考 [J]. 中共宁波市委党校学报，2013，35（2）.

[120] 黄永林，吴祖云. 乡村文化建设中农民主体意识建构与作用发挥 [J]. 理论月刊，2021（3）.

[121] 姬莉平，张昱. 国外青少年认知行为研究的最新进展及其启示 [J]. 中国青年研究，2015（7）.

[122] 吉志强. 现代乡村治理视域中的农村妇女政治参与 [J]. 中共山西省委党校学报，2013，36（3）.

[123] 江增光，陈洁瑾. 社区教育对乡村振兴的影响研究——基于对苏锡常乡村社区居民感知的调查 [J]. 投资与创业，2023，34（18）.

[124] 姜振华. 城市老年人社区参与的现状及原因探析 [J]. 人口学刊，2009

(5).

[125] 蒋满元. 社会动员的适度性问题探析［J］. 中共山西省委党校学报, 2007（6）.

[126] 蒋永穆. 基于社会主要矛盾变化的乡村振兴战略：内涵及路径［J］. 社会科学辑刊, 2018.

[127] 金霞. 公民参与公共政策制度化的动力机制［J］. 中共天津市委党校学报, 2016（2）.

[128] 靳朝晖, 王庆庆, 孙守相. 有序和有效：新型城镇化中农民参与的两个维度［J］. 社科纵横, 2015, 30（8）.

[129] 赖庆奎, 晏青华, 张静. 农村人居环境治理及社区参与途径研究［J］. 西南林业大学学报（社会科学）, 2019, 3（6）.

[130] 李灿, 吴顺辉, 李景刚. 村庄发展、资源禀赋认知与农村居民参与村庄建设意愿——基于575份农村居民问卷调查的实证分析［J］. 农林经济管理学报, 2021, 20（4）.

[131] 李国东. 农村居民公共文化"弱参与"的影响因素及回应策略研究——基于河南540农户的问卷调查［J］. 文化软实力研究, 2024, 9（2）.

[132] 李俊卿. 主动公民塑造与公民参与能力提升［J］. 江西社会科学, 2012（7）.

[133] 李培林. 理性选择理论面临的挑战及其出路［J］. 社会学研究, 2001（6）.

[134] 李强, 孟如. 数字素养是乡村生活数字化转型的驱动力吗？——基于山东省1037位农村居民的调研数据［J］. 西北农林科技大学学报（社会科学版）, 2024, 24（2）.

[135] 李荣彬. 农村居民公共事务参与的治理之道——来自宗族网络的证据与解释［J］. 经济社会体制比较, 2021（5）.

[136] 李少惠, 赵军义. 农村居民公共文化服务弱参与的行动逻辑——基于经典扎根理论的探索性研究［J］. 图书与情报, 2019（4）.

[137] 李叔君. 社区生态文化建设的参与机制探析［J］. 中共福建省委党校学报, 2011（5）.

[138] 李伟. 河南省农村社区治理现代化研究［J］. 农村经济与科技, 2021, 32（24）.

[139] 李卫飞, 石少湘, 袁琳. 城乡居民休闲生活方式差异及影响因素研究［J］. 旅游导刊, 2022, 6（5）.

[140] 李文祥. 从个人选择到社会选择的理论扩展——评阿马蒂亚·森《理性与自由》对理性选择研究的理论贡献 [J]. 社会学研究, 2008 (3).

[141] 李向振, 张博. 国家视野下的百年乡村建设历程 [J]. 武汉大学学报 (哲学社会科学版), 2019 (4).

[142] 李晓宁, 李雪峥, 崔健. 西部农村居民政治参与及社会治理分析——基于陕西省岐山县 G 村的社会调查 [J]. 西北农林科技大学学报 (社会科学版), 2018, 18 (1).

[143] 李学渊, 黄森慰, 蔡祖梅, 等. 政策机制对农村居民环境治理参与行为及效果影响 [J]. 河北农业大学学报 (社会科学版), 2023, 25 (2).

[144] 李义波, 姚兆余. 农民组织化: 农村社区发展的内源基础 [J]. 行政论坛, 2009, 16 (3).

[145] 李永庆, 吴猛. 新型城镇化背景下农村社区居民参与的困境及其解构 [J]. 齐齐哈尔大学学报 (哲学社会科学版), 2020 (6).

[146] 李宇征, 马天一. 改革开放初期邓小平的社会动员观 [J]. 昭通学院学报, 2019, 41 (4).

[147] 李志榕. 社会治理创新语境下农村环境治理共同体培育研究 [J]. 贵州省党校学报, 2023 (1).

[148] 廉思, 刘洁. 基于理性选择理论的"蚁族"居留意愿研究——来自北京市的实证调查 [J]. 人文地理, 2019, 34 (1).

[149] 梁茹. 农村社区民俗文化建设的意义、问题及对策 [J]. 中南农业科技, 2023, 44 (8).

[150] 梁贤艳, 江立华. 城市老年人社区参与的动机及激励研究——基于共建共治共享视角 [J]. 中国特色社会主义研究, 2022 (4).

[151] 廖文梅, 陈超, 李祥. 村域认同、关系网络与农村人居环境整治意愿——以江西省 501 个农户为例 [J]. 中国农业大学学报, 2023, 28 (11).

[152] 林海. 农村生活垃圾治理中居民参与的研究——以广西富川县石家社区为例 [J]. 农村经济与科技, 2019, 30 (21).

[153] 林聚任. 论社会选择的基础和机制 [J]. 山东大学学报 (哲学社会科学版), 2003 (1).

[154] 林丽丽, 鲁可荣. 农村社会治理中的协商民主 [J]. 长白学刊, 2018 (3).

[155] 林伟京. 试析抗美援朝战争中政治动员的内容与方法 [J]. 华南师范大

学学报（社会科学版），2005（6）.

[156] 刘朝晖. 社会动员在重大疫情应对中的功能定位及优化路径［J］. 南京工程学院学报（社会科学版），2020，20（1）.

[157] 刘成良. 行政动员与社会动员：基层社会治理的双层动员结构——基于南京市社区治理创新的实证研究［J］. 南京农业大学学报（社会科学版），2016，16（3）.

[158] 刘付兵，高淑桃. 引导新生代农民参与新农村建设的思考［J］. 农村经济与科技，2010，21（10）.

[159] 刘美萍. 重大突发事件网络舆情协同治理机制构建研究［J］. 求实，2022（5）.

[160] 刘荣刚. 对中国共产党政治动员的现实思考［J］. 理论与改革，1998（4）.

[161] 刘少杰. 理性选择理论的形式缺失与感性追问［J］. 学术论坛，2006（3）.

[162] 刘小珉，刘诗谣. 乡村精英带动扶贫的实践逻辑——一个基于场域理论解释湘西Z村脱贫经验的尝试［J］. 中央民族大学学报（哲学社会科学版），2021（2）.

[163] 刘兴华，韩开雷，徐慰. 以正念为基础的认知行为疗法对强迫症患者的效果［J］. 中国心理卫生杂志，2011，25（12）.

[164] 刘岩，刘威. 从"公民参与"到"群众参与"——转型期城市社区参与的范式转换与实践逻辑［J］. 浙江社会科学，2008（1）.

[165] 刘影，李阿特. 人力资本、社区认同与农村居民社区参与意愿——基于江苏数据的实证研究［J］. 社会建设，2023，10（3）.

[166] 刘影，郑华伟. 社区认同如何影响农村居民社区参与意愿——基于江苏三种不同参与类型的数据分析［J］. 社会工作与管理，2023，23（2）.

[167] 柳建文. 现代化进程中的适度社会动员——发展中国家实现社会稳定的重要条件［J］. 社会科学，2005（1）.

[168] 龙太江. 从"对社会动员"到"由社会动员"——危机管理中的动员问题［J］. 政治与法律，2005（2）.

[169] 龙太江. 社会动员与危机管理［J］. 华中科技大学学报（社会科学版），2004（1）.

[170] 卢小平. 乡村经济精英参与贫困村产业培育的激励机制——基于广西地区部分县域的观察与思考［J］. 中国特色社会主义研究，2018（4）.

[171] 卢智增, 黄圣赟. 农村人居环境与居民健康协同发展研究 [J]. 社科纵横, 2022, 37 (6).

[172] 罗淳. 社区生育控制的理论与实践 [J]. 中国人口科学, 1996 (2).

[173] 罗开艳, 田启波. 政府环境信息公开与居民环境治理参与意愿 [J]. 现代经济探讨, 2020 (7).

[174] 罗明忠, 陈伟漫, 林玉婵. 民主参与对农村居民幸福感的影响——社会公平感知的调节效应 [J]. 华南师范大学学报 (社会科学版), 2022 (4).

[175] 罗晓蓉. 社会资本视域下基层党建引领农村社区治理创新研究——基于江西省基层"党建+"工作的探索与实践 [J]. 岭南学刊, 2019 (1).

[176] 骆郁廷, 甘泉. 论社会动员的实践价值 [J]. 江汉论坛, 2010 (10).

[177] 马德富. 新时代乡村发展嬗变与后乡村治理——实施乡村振兴战略提出的时代课题 [J]. 理论与现代化, 2018 (4).

[178] 梅锦荣. 社会焦虑与认知行为治疗Ⅰ. 社会焦虑 [J]. 中国临床心理学杂志, 1994 (3).

[179] 孟凯, 石路. 公共行政决策中的公民参与能力 [J]. 新疆师范大学学报 (哲学社会科学版), 2014 (5).

[180] 孟天广, 马全军. 社会资本与公民参与意识的关系研究: 基于全国代表性样本的实证分析 [J]. 中国行政管理, 2011 (3).

[181] 米歇尔·赫克特, 李培林. 理性选择理论和历史社会学 [J]. 国际社会科学杂志 (中文版), 1993 (3).

[182] 聂玉梅, 顾东辉. 增权理论在农村社会工作中的应用 [J]. 理论探索, 2011 (3).

[183] 潘修华, 龚颖杰. 社会组织参与城市社区治理探析 [J]. 浙江师范大学学报 (社会科学版), 2014 (4).

[184] 潘雅芳. 民宿旅游发展中乡村社区居民旅游增权感知差异及其对策——以浙江安吉横山坞村为例 [J]. 浙江树人大学学报 (人文社会科学), 2021, 21 (3).

[185] 潘逸阳. 扎扎实实地建设社会主义新农村——学习十六届五中全会精神的体会 [J]. 求是, 2005 (24).

[186] 裴志军, 何晨. 社会网络结构、主观阶层地位与农村居民的环境治理参与——以垃圾分类行为为例 [J]. 安徽农业大学学报 (社会科学版), 2019, 28 (1).

[187] 彭文峰. 我国城市社区建设中社区参与问题成因及对策探析［J］. 城市发展研究，2011（12）.

[188] 皮永生，王艺雄，綦涛. 文化—制度—行为：农民主体参与乡村建设研究［J］. 重庆大学学报（社会科学版），2024（4）.

[189] 戚晓明. 乡村振兴背景下农村环境治理的主体变迁与机制创新［J］. 江苏社会科学，2018（5）.

[190] 齐娟飞，罗鹏，谈存峰. 农户参与农村基础设施管护影响因素分析——基于甘肃省平凉市169户农村居民的调查［J］. 云南农业大学学报（社会科学），2022，16（6）.

[191] 齐晓光. 农村社区治理困境与纾解——基于现代化维度的分析［J］. 青岛农业大学学报（社会科学版），2022，34（1）.

[192] 齐砚奎. 基于理性选择理论的民办高校教师流动行为逻辑与管理策略研究［J］. 黑龙江高教研究，2023，41（6）.

[193] 丘海雄，张应祥. 理性选择理论述评［J］. 中山大学学报（社会科学版），1998（1）.

[194] 邱博康，孔令明，林丽梅. 村域社会资本对农村居民参与环境治理的影响机理研究［J］. 安徽农学通报，2021，27（1）.

[195] 邱博康，林丽梅. 农村居民生活垃圾合作治理的现状与政策启示——基于福建省501份村民问卷的实证分析［J］. 海峡科学，2021（2）.

[196] 盛方富，马回，田水连. 我国乡村发展历程及未来政策走向研究——基于对20个中央"一号文件"的研究［J］. 农业考古，2019（1）.

[197] 赵聚军，张雪莉. 城市基层治理中的居民参与与基层管理体制优化——基于四个异质性小区的调查［J］. 中国行政管理，2019（3）.

[198] 石奎. 治理现代化语境中的社会动员［J］. 国家治理，2015（31）.

[199] 时晶. 农村环境治理中村民参与方式的创新探索［J］. 国际公关，2023（8）.

[200] 苏茜，王维利. 对理性情绪疗法的反思［J］. 护理研究，2009，23（2）.

[201] 苏宗伟，姚祈春，李欢. 社会公平感如何影响农村居民制度化政治参与？——基于五期CGSS的实证研究［J］. 公共管理评论，2023，5（1）.

[202] 孙璐. 利益、认同、制度安排——论城市居民社区参与的影响因素［J］. 云南社会科学，2006（5）.

[203] 孙晓晖，刘同舫. 公共危机治理中社会动员的功能边界和优化策略 [J]. 武汉大学学报（哲学社会科学版），2020，73（3）.

[204] 孙秀艳. 论社会主义核心价值体系的社会认同与社会动员 [J]. 福建师范大学学报（哲学社会科学版），2008（1）.

[205] 谭日辉. 社会组织参与城市社区治理的路径研究 [J]. 邵阳学院学报（社会科学版），2014（5）.

[206] 谭宗佳，穆兰，罗春霞. 社会信任数字素养对农户参与水污染治理意愿的影响——基于427位农户的调查数据 [J]. 农业与技术，2023，43（11）.

[207] 汤文仙，刘海波. 离退休干部参与社区治理的价值意蕴与实践探索 [J]. 领导科学，2021（24）.

[208] 唐玲萍. 对社区参与旅游发展可能性的理论分析：社会交换理论 [J]. 思想战线，2009，35（S1）.

[209] 唐南. 社区文化保育：凝聚社区居民力量参与社区治理——社会工作介入农村社区治理的探索研究 [J]. 教育现代化，2019，6（60）.

[210] 唐贤兴. 运动式治理存在着弥补政府动员能力不足的可能性 [J]. 学术界，2009（4）.

[211] 唐有财，胡兵. 社区治理中的公众参与：国家认同与社区认同的双重驱动 [J]. 云南师范大学学报（哲学社会科学版），2016，48（2）.

[212] 田北海. 城乡居民社区参与的障碍因素与实现路径 [J]. 学习与实践 2017（12）.

[213] 佟瑞鹏，翟存利. 社区安全氛围与居民参与、归属感的关系研究 [J]. 中国安全科学学报，2018（5）.

[214] 托马斯·福特·布朗，木子西. 社会资本理论综述 [J]. 马克思主义与现实，2000（2）.

[215] 万慧进. 农民参与新农村建设的制度架构 [J]. 理论与改革，2006（4）.

[216] 汪玲，尹皓，刘成祥，等. 社区意识研究进展 [J]. 牡丹江医学院学报，2019，40（1）.

[217] 汪卫华. 群众动员与动员式治理——理解中国国家治理风格的新视角 [J]. 上海交通大学学报（哲学社会科学版），2014，22（5）.

[218] 汪新建. 当代西方认知－行为疗法述评 [J]. 自然辩证法研究，2000（3）.

[219] 王彩梅. 试论公民参与能力的提高. 理论导刊 [J]. 2006 (10).

[220] 王丹利，陆铭. 农村公共品提供：社会与政府的互补机制 [J]. 经济研究，2020，55 (9).

[221] 王芳，李宁. 赋权·认同·合作：农村生态环境参与式治理实现策略——基于计划行为理论的研究 [J]. 广西社会科学，2021 (2).

[222] 王功名. 浅谈社会动员中的政治参与 [J]. 东方企业文化，2010 (12).

[223] 王海娟. 共享发展理念下农村社区治理的实践困境及路径探析 [J]. 创新，2020，14 (3).

[224] 王建国，刘小萌. 善治视域下公民参与的实践逻辑 [J]. 河南师范大学学报（哲学社会科学版），2019 (2).

[225] 王凯. 论农民在乡村振兴中的主体地位 [J]. 中共太原市委党校学报，2018 (3).

[226] 王立剑，邸晓东. 农村互助养老服务可及性的递进机制研究 [J]. 北京工业大学学报（社会科学版），2023，23 (1).

[227] 王鹏. 浅析我国城市社区参与 [J]. 实事求是，2009 (4).

[228] 王文龙. 新乡贤与乡村慈善：资源整合、项目对接与激励机制创新 [J]. 云南民族大学学报（哲学社会科学版），2020，37 (2).

[229] 王亚华，苏毅清. 乡村振兴——中国农村发展新战略 [J]. 中央社会主义学院学报，2017 (6).

[230] 王珍宝. 当前我国城市社区参与研究述评 [J]. 社会，2003 (9).

[231] 魏丹，张日杰，梅林. 新乡贤参与乡村产业振兴的理论逻辑及耦合机制 [J]. 南昌大学学报（人文社会科学版），2021，52 (3).

[232] 魏后凯，郜亮亮，崔凯，等. "十四五"时期促进乡村振兴的思路与政策 [J]. 农村经济，2020 (8).

[233] 魏郡泽. 农村社区治理居民参与问题及对策研究 [J]. 公关世界，2023 (4).

[234] 温志强，崔钰琳. 摸清短板 优化社会动员机制 [J]. 中国应急管理，2020 (2).

[235] 翁有为. 论抗日根据地的政治动员与政治参与 [J]. 山东社会科学，1997 (3).

[236] 吴大磊，赵细康，石宝雅，等. 农村居民参与垃圾治理环境行为的影响因素及作用机制 [J]. 生态经济，2020，36 (1).

[237] 吴军，夏建中. 国外社会资本理论：历史脉络与前沿动态 [J]. 学术

界，2012（8）.
[238] 吴开松. 危机管理中的社会动员研究［J］. 兰州学刊，2009（1）.
[239] 吴朋政. 农村社区党建怎么抓［J］. 人民论坛，2019（10）.
[240] 吴忠民. 社会动员与发展［J］. 浙江学刊，1992（2）.
[241] 吴忠民. 重新发现社会动员［J］. 理论前沿，2003（21）.
[242] 武小龙，康旭晖. 网格化治理：多元主体的参与逻辑及实践困境——一个增权理论的分析视角［J］. 社会工作与管理，2021，21（5）.
[243] 夏恩君，王文涛. 企业开放式创新众包模式下的社会大众参与动机［J］. 技术经济，2016，35（1）.
[244] 夏建中. 治理理论的特点与社区治理研究［J］. 黑龙江社会科学，2010（2）.
[245] 夏少琼. 建国以来社会动员制度的变迁［J］. 唯实，2006（2）.
[246] 夏晓丽. 当代西方公民参与理论的发展进路与现实困境［J］. 行政论坛，2014，21（4）.
[247] 肖富群. 居民社区参与的动力机制分析［J］. 广西社会科学，2004（5）.
[248] 谢辉，谭冰，李文杰. 乡村旅游高质量发展与共同富裕的耦合机理分析［J］. 南方农机，2024，55（5）.
[249] 谢静涛. 儿童青少年强迫症的认知行为理论研究探讨［J］. 医学与哲学（人文社会医学版），2011，32（3）.
[250] 谢来位，钱婕. 重庆市主城区普通市民公共参与意识现状及培养路径研究［J］. 重庆理工大学学报（社会科学），2016（6）.
[251] 谢舜，周鸿. 科尔曼理性选择理论评述［J］. 思想战线，2005（2）.
[252] 谢治菊. 村民社区认同与社区参与——基于江苏和贵州农村的实证研究［J］. 理论与改革，2012（4）.
[253] 徐彬. 论政治动员［J］. 中共福建省委党校学报，2005（1）.
[254] 徐家良. 危机动员与中国社会团体的发展［J］. 中国行政管理，2004（1）.
[255] 徐勇."宣传下乡"：中国共产党对乡土社会的动员与整合［J］. 中共党史研究，2010（10）.
[256] 徐雨利，龙花楼，屠爽爽，等. 乡村振兴视域下产业重构的理论解析与模式研究——以广西为例［J］. 地理科学进展，2024，43（3）.
[257] 许佳君，张华. 基于理性选择理论的范式解读"考研热"［J］. 河海大

学学报（哲学社会科学版），2010，12（1）.

[258] 许朗，王宁，许才明. 农村水污染治理长效参与机制——以南京市郊区为例［J］. 江苏农业科学，2021，49（5）.

[259] 许文文，石煊. 利益耦合、共同行动与情感共鸣：社会组织建构社区治理共同体的三阶路径［J］. 公共管理与政策评论，2024，13（1）.

[260] 许毅，柳文. 农村建设小康社会的实现途径——学习党的十六大报告的体会［J］. 中南财经政法大学学报，2003（2）.

[261] 许远旺，卢璐. 从政府主导到参与式发展：中国农村社区建设的路径选择［J］. 中州学刊，2011（1）.

[262] 薛亚利. 社会动员的变迁及内在机制——以公益献血的动员研究为例［J］. 社会科学，2011（7）.

[263] 闫慧. 农民数字化贫困的结构性成因分析［J］. 中国图书馆学报，2017，43（2）.

[264] 闫越. 加强社会建设 着力改善民生——学习党的十七大报告的体会［J］. 长白学刊，2007（6）.

[265] 颜世元. 试论现代认知心理学研究的认识论意义［J］. 山东大学学报（哲学社会科版），1989（3）.

[266] 杨慧青，崔旭东. 社区参与行为、社会资本对农村居民主观幸福感的影响——基于CSS2021数据的实证分析［J］. 湖南人文科技学院学报，2024，41（2）.

[267] 杨龙. 经济发展中的社会动员及其特殊性［J］. 天津社会科学，2004（4）.

[268] 杨敏. 公民参与、群众参与与社区参与［J］. 社会，2005（5）.

[269] 杨敏. 作为国家治理单元的社区——对城市社区建设运动过程中居民社区参与和社区认知的个案研究［J］. 社会学研究，2007（4）.

[270] 杨荣. 浅论社区建设中的居民参与［J］. 北京工业大学学报（社会科学版），2002（2）.

[271] 杨淑琼，刘河元. 马克思主体性理论对"空巢"村农民主体建设的启示［J］. 学理论，2009（15）.

[272] 杨威威，郭圣莉. 议事规则、民主协商与内生型社区建设发展——基于应用X项目的多案例研究［J］. 甘肃行政学院学报，2021（3）.

[273] 杨小明，张涛. 改革开放以来中国共产党的政治动员方式初探［J］. 云南行政学院学报，2009，11（1）.

[274] 杨小明. 论有中国特色的政治动员 [J]. 浙江社会科学, 2014 (6).

[275] 杨治良, 刘素珍. "攻击性行为"社会认知的实验研究 [J]. 心理科学, 1996 (2).

[276] 叶兴庆. 新时代中国乡村振兴战略论纲 [J]. 改革, 2018 (1).

[277] 尹广文. 官民二重性: 社区社会组织参与社区治理的困境分析 [J]. 宁夏社会科学, 2016 (1).

[278] 尹广文. 项目制运作: 社会组织参与城市基层社区治理的路径选择 [J]. 云南行政学院学报, 2017, 19 (3).

[279] 尹胜. 毛泽东基于"组织起来"的乡村振兴战略布局——以《一九五六年到一九六七年全国农业发展纲要》为中心的考察 [J]. 现代哲学, 2018 (1).

[280] 于霄达. 中国农村公共事务治理问题及发展策略 [J]. 农村经济与科技, 2021, 32 (16).

[281] 余敏江. 中央环保督察下地方核心行动者的环境精细化治理行为逻辑——基于科尔曼理性选择理论视角的分析 [J]. 行政论坛, 2022, 29 (5).

[282] 余正台. 我国认知行为疗法研究热点知识图谱 [J]. 医学与哲学 (B), 2017, 38 (1).

[283] 俞可平. 治理和善治引论 [J]. 马克思主义与现实, 1999 (5).

[284] 袁方成. 增能居民: 社区参与的主体性逻辑与行动路径 [J]. 行政论坛, 2019 (1).

[285] 袁小平, 潘明东. 农村社区建设中社会动员的现状、问题与对策——来自江西省9个村的实地调查 [J]. 南昌大学学报 (人文社会科学版), 2016, 47 (5).

[286] 袁小平, 汪冰逸. 农村社区建设中的社会动员: 动员话语与研究进展 [J]. 农林经济管理学报, 2018, 17 (5).

[287] 袁振龙. 社区参与和社区治安——从社会资本理论视角出发的实证研究 [J]. 中国人民公安大学学报 (社会科学版), 2009 (4).

[288] 运迪. 新时代农村生态环境治理的多样化探索、比较与思考——以上海郊区、云南大理和福建龙岩的治理实践为例 [J]. 同济大学学报 (社会科学版), 2020, 31 (2).

[289] 张欢, 褚勇强. 社区服务是城市居民社区参与的"催化剂"吗?——基于全国108个城市社区的实证研究 [J]. 四川大学学报 (哲学社会科学

版），2015（6）．

[290] 张会芸．社会资本的文化主义转向及其困境——以罗伯特·帕特南的理论为例［J］．华中科技大学学报（社会科学版），2015，29（1）．

[291] 张丽梅，艾虹．抗战时期中共社会动员指导思想评析［J］．理论前沿，2009（4）．

[292] 张亮．上海社区建设面临困境：居民参与不足［J］．社会，2001（1）．

[293] 张骞文，杨琳．社会动员的理论内涵和实践路径［J］．学术论坛，2015，38（8）．

[294] 张莎莎，冯垠都．农村社区建设创新路径［J］．合作经济与科技，2019（22）．

[295] 张善根，李峰．法治视野下公民公共参与意识的多因素分析——基于上海数据的实证研究［J］．北方法学，2015（2）．

[296] 张士云，杨艳艳．农村居民参与人居环境治理行为研究——以皖北地区为例［J］．山东农业大学学报（社会科学版），2022，24（4）．

[297] 张爽．计划行为理论视角下社区居民参与机制探析［J］．石家庄学院学报，2018（1）．

[298] 张天健，孙守相．乡村振兴战略规划中的农民参与研究［J］．社科纵横，2019，34（4）．

[299] 张玉乔．新中国工业化的奠基——第一个五年计划的建设成就与经验［J］．生产力研究，2005（7）．

[300] 张岳，冯梦微，易福金．多中心治理视角下农村环境数字治理的逻辑、困境与进路［J］．农业经济问题，2024（3）．

[301] 张忠宇．认知行为疗法本土化应用新进展［J］．黑河学院学报，2020，11（4）．

[302] 赵定东，黄焰羿．社区营造中的时间银行：优势、困境与改进策略——以兰溪市兰江街道为例［J］．社会工作与管理，2020，20（2）．

[303] 赵晓峰．认识乡村中国：农村社会学调查研究的理想与现实［J］．中国农村观察，2021（2）．

[304] 赵新民，姜蔚，程文明．基于计划行为理论的农村居民参与人居环境治理意愿研究：以新疆为例［J］．生态与农村环境学报，2021，37（4）．

[305] 赵云亭，唐有财．角色接纳、主体赋权与需求驱动：青年认同式社区参与的实现路径——以黄浦区青年社区口述史项目为例［J］．天津行政学院学报，2021，23（6）．

[306] 赵志虎,陈晓枫. 加强自治,鼓励多元主体参与大力推进农村社区治理转型升级[J]. 人民论坛,2019(33).

[307] 郑杭生,黄家亮. 论我国社区治理的双重困境与创新之维——基于北京市社区管理体制改革实践的分析[J]. 东岳论丛,2012,33(1).

[308] 郑浩生. 公众参与与农村居民公共服务质量评价[J]. 华南农业大学学报(社会科学版),2024,23(1).

[309] 郑浩生. 加强农村数字平台建设,引导农村居民网络参与行为[J]. 农村工作通讯,2024(7).

[310] 郑慧玲,陈杰. 社会工作服务于农村社区治理路径研究[J]. 井冈山大学学报(社会科学版),2023,44(2).

[311] 郑永廷. 论现代社会的社会动员[J]. 中山大学学报(社会科学版),2000(2).

[312] 《中共中央关于制定国民经济和社会发展第十一个五年规划的建议》[J]. 中国行政管理,2005(12).

[313] 中共中央、国务院关于积极发展现代农业、扎实推进社会主义新农村建设的若干意见[J]. 农村经营管理,2007(3).

[314] 中共中央、国务院关于切实加强农业基础建设进一步促进农业发展农民增收的若干意见[J]. 中华人民共和国农业部公报,2008(2).

[315] 中共中央:审议《乡村振兴战略规划(2018—2022年)》[J]. 中国农民合作社,2018(7).

[316] 中共中央关于进一步加强农业和农村工作的决定[J]. 中华人民共和国国务院公报,1991(42).

[317] 中共中央国务院关于做好二〇二二年全面推进乡村振兴重点工作的意见[J]. 中华人民共和国国务院公报,2022(7).

[318] 中华人民共和国城乡规划法[J]. 中华人民共和国全国人民代表大会常务委员会公报,2015(3).

[319] 钟日兴,张玉龙. 中央苏区乡村中的战时后勤动员[J]. 历史教学:下半月,2010(7).

[320] 周春山,徐期莹,曹永旺. 基于理性选择理论的广州不同类型社区老年人独立居住特征及影响因素[J]. 地理研究,2021,40(5).

[321] 周红素. 乡村振兴背景下农村韧性社区建设:维度构建与推进策略[J]. 湖北农业科学,2022,61(2).

[322] 周鸿. 科尔曼理性选择理论简析[J]. 广西师范学院学报,2003(3).

[323] 周佳娴. 城市居民社区感研究——基于上海市的实证调查 [J]. 甘肃行政学院学报, 2011 (4).

[324] 周洁, 沈政, 张书赫, 等. 浙江省农村社区文化建设的居民认知与参与行为 [J]. 浙江农业科学, 2022, 63 (5).

[325] 周凯. 社会动员与国家治理: 基于国家能力的视角 [J]. 湖北社会科学, 2016 (2).

[326] 周丽娟, 徐顽强. 居民视角的新型农村社区参与式治理实现策略 [J]. 华中农业大学学报 (社会科学版), 2016 (4).

[327] 周林刚. 社区治理中居民参与的制约因素分析——基于深圳A区的问卷调查 [J]. 福建论坛 (人文社会科学版), 2008 (12).

[328] 周星宇. 乡村振兴战略下农民和基层干部参与主体积极性探析 [J]. 现代农业科技, 2018 (18).

[329] 周长城. 理性选择理论: 社会学研究的新视野 [J]. 社会科学战线, 1997 (4).

[330] 朱新阳. 当代大学生网恋现象的社会学思考 [J]. 山东省青年管理干部学院学报, 2004 (4).

[331] 邹国良, 刘娜娜, 梁雁茹. 乡村振兴战略下农村人居环境整治PPP模式合作行为演化博弈分析 [J]. 运筹与管理, 2022, 31 (4).

[332] 邹奕, 杜洋. "社会动员"概念的规范分析 [J]. 天津行政学院学报, 2013, 15 (5).

[333] 左吉祥. 突发自然灾害应对中的社会动员四部曲及其启示 [J]. 安徽行政学院学报, 2010 (3).

[334] C. Kelly. Intergroup Different in a Political Context [J]. British Journal of Social Psychology, 1998 (27).

[335] Cheryl S. King, Kathryn M. Feltey, Bridget O'neill Susel, et al. The Question of Participation: Toward Authentic Public Participation in Public Administration [J]. Public Administration Review, 1998, 58 (4).

[336] Cicognani, Elvira, et al. Social participation, sense of community and social well being: A study on American, Italian and Iranian university students. [J]. Social indicators research, 2008 (89).

[337] Tyler, Tom R; Goetz, Edward G.; Gordon, Margaret T.; Protess, David; Leff, Donna R.; Molotch Harvey L. Media and agenda setting: Effects on the public, interest group leaders, policy makers,

and policy. [J]. Public opinion quarterly, 1983 (47).

[338] Cress, Daniel M, David A. Snow. The outcomes of homeless mobilization: The influence of organization, disruption, political mediation, and framing [J]. American journal of sociology, 2000, 105.

[339] Deutsch, Karl W. Social mobilization and political development. [J]. American political science Review, 1961 (55).

[340] Donna M. Handley, Michael H. Moroney, Ordering Stakeholder Relationship and Citizen Participation: Evidence from the Community Development Block Grant Program [J]. Public Administration Review, 2010, 70 (4).

[341] Eran. Vigoda. Administrative Agents of Democracy? A Structural Equation Modeling of the Relationship between Public-Sector Performance and Citizenship Involvement [J]. Journal of Public Administration Research and Theory, 2002, 12 (2).

[342] Francois Nielsen. The Flemish Movement in Belgium after World War II: A Dynamic Analysis [J]. American Sociological Review, 1980 (45).

[343] Gould, Roger V. Multiple networks and mobilization in the Paris Commune, 1871. [J]. American Sociological Review, 1991, 56 (6).

[344] John D. McCarthy and Mayer N. Zald. Resource Mobilization and Social Movement: A Partial Theory [J]. American Journal of Sociology. 1977 (82).

[345] M. Otwin. Social Mobilization and Individual Identity: A Test of Two Models. Journal of African Studies, 1979 (5).

[346] Mark D. Robbins, Bill. Simonsen. Citizens and Resource Allocation: Improving Decision Making with Interactive Web-Based Citizen Participation [J]. Public Administration Review, 2008, 68 (3).

[347] McAdam, Doung, John D. McCarthy and Mayer N. Zald. Comparative Perspectives on Social Movement [M]. New York: Cambridge University Press, 1996.

[348] Nancy Roberts. Public Deliberation in an Age of Direct Citizen Participation [J]. The American Review of Public Administration, 2004, 34 (4).

[349] Renee A. Irvin, John. Stansbury. Citizen Participation in Decision Making: Is It Worth the Effect? [J]. Public Administration Review, 2004, 64 (1).

[350] Sajia, Laura. Proactive conservancy in a contested milieu: from social mobilization to community-led resource management in the Simeto Valley [J]. Journal of Environmental Planning and Management. 2014 (57).

[351] Saul Newman. Does Modernization Breed Ethnic Political Conflicts? [J]. Word Politics, 1991 (43).

[352] Tina. Nabatchi. Putting the "Public" Back in Public Values Research: Designing Participation to Identify and Respond to Values [J]. Public Administration Review, 2012, 72 (5).

[353] Toddi A. Steelman. Elite and Participatory Policymaking: Finding Balance in a Case of National Forest Planning [J]. Policy Studies Journal, 2001, 29 (1).